REFORMA DORAS

Rute Salviano Almeida
Jaqueline Sousa Pinheiro

REFORMA DORAS

Mulheres que influenciaram
a Reforma e ajudaram a mudar
a igreja e o mundo

Copyright © 2021 por Rute Salviano Almeida e Jaqueline Sousa Pinheiro.
Publicado pela GodBooks Editora em parceria com Thomas Nelson Brasil.

Edição Maurício Zágari
Preparação Contato Editorial e Geisiane Alves
Revisão Rosa Maria Ferreira
Capa Rafael Brum
Diagramação Luciana Di Iorio

São de autoria de Rute Salviano Almeida os textos sobre Argula von Grumbach, Maria Dentière, Olympia Morata, Margarida de Navarra, Renata de Ferrara, Joana IV de Navarra e Catarina Zell. São de autoria de Jaqueline Sousa Pinheiro os textos sobre Catarina von Bora, Idelette de Bure, Catarina Parr, Anne Askew e Jane Grey. As traduções dos textos em inglês foram realizadas por Jaqueline Sousa Pinheiro.

Os pontos de vista desta obra são de responsabilidade das autoras e colaboradores diretos, não refletindo necessariamente a posição da GodBooks, da Thomas Nelson Brasil ou de suas equipes editoriais.

Todos os direitos reservados e protegidos pela Lei nº 9.610, de 19/2/1998. É expressamente proibida a reprodução total ou parcial deste livro, por quaisquer meios (PDFs, eletrônicos, mecânicos, fotográficos, gravação e outros), sem prévia autorização, por escrito, da editora.

Os textos das referências bíblicas foram extraídos da versão Almeida Revista e Atualizada, 2ª ed., da Sociedade Bíblica do Brasil, salvo indicação específica. Eventuais destaques nos textos bíblicos e citações em geral referem-se a grifos do autor.

Dados Internacionais de Catalogação na Publicação (CIP)

A45r   Almeida, Rute Salviano
1.ed.   Reformadoras : mulheres que influenciaram a reforma
e ajudaram a mudar a igreja e o mundo / Rute Salviano Almeida,
Jaqueline Sousa Pinheiro. – 1.ed. – Rio de Janeiro : GodBooks;
Thomas Nelson Brasil, 2021.
240 p.; 13,5 x 20,8 cm.

Bibliografia.
ISBN : 978-65-56894-73-7

1. Cristianismo. 2. Mulheres cristãs. 3. Mulheres na
Igreja. 4. Reforma protestante. 5. Teologia cristã. I. Pinheiro,
Jaqueline Sousa. II. Título.

08-2021   CDD 248.843

Índice para catálogo sistemático:
1. Mulheres cristãs : Cristianismo   248.843

Publicado no Brasil com todos os direitos reservados por:
GodBooks Editora
Rua Almirante Tamandaré, 21/1202, Flamengo
Rio de Janeiro, RJ, Brasil, CEP 22210-060
Telefone: (21) 2186-6400
Fale conosco: contato@godbooks.com.br
www.godbooks.com.br

1ª edição: outubro de 2021

Aos meus amados leitores, que me motivam a continuar narrando a impactante história das mulheres no cristianismo. Que Deus os abençoe e capacite a passar adiante essa memória — e que ela jamais se perca.

RUTE SALVIANO ALMEIDA

Ao Deus que me vê e conhece o meu anseio em servi-lo. Ao meu amado esposo, que sempre me incentiva. À minha querida Rute, que me confiou esta parceria.

JAQUELINE SOUSA PINHEIRO

O protestantismo era atraente porque encorajava a leitura das Escrituras e a compreensão dos conceitos teológicos abstratos, anteriormente afastados não só das mulheres, mas também dos leigos. E como deve ter sido maravilhoso para as mulheres, pela primeira vez na história europeia, cantar um cântico religioso em conjunto com vozes masculinas!

Margaret King

SUMÁRIO

Apresentação	11
Prefácio	15
Palavras iniciais	19

1. ESCRITORAS APOLOGETAS DA REFORMA — 23
Vozes expressas PELA PENA — 24

Argula von Grumbach	28
Maria Dentière	38
Olympia Morata	48

2. NOBRES REFORMADORAS FRANCESAS — 61
Vozes expressas NOS PALÁCIOS — 62

Margarida de Navarra	66
Renata, princesa da França e duquesa de Ferrara	78
Joana IV de Navarra	88

3. ESPOSAS DE REFORMADORES — 101
Vozes expressas NA VIDA COTIDIANA — 102

Catarina Zell	108
Catarina von Bora	120
Idelette de Bure	132

4. RAINHAS E MÁRTIRES NA INGLATERRA — 143
Vozes expressas NO "SALÃO PROTESTANTE" E NO MARTÍRIO — 144

Catarina Parr	148

Anne Askew 158
Jane Grey 168

APÊNDICE 183
Vozes expressas EM TEXTOS SELECIONADOS 184

Referências 215
Notas 221
Sobre as autoras 237

APRESENTAÇÃO

DEUS CRIOU HOMENS E MULHERES como seres iguais em muitos aspectos, mas diferentes em outros tantos. São iguais em dignidade, valor, honra, composição, imagem divina, necessidade de Deus, origem e destino, entre tantas outras características que os tornam equânimes. Ao mesmo tempo, homens e mulheres são extremamente diferentes, em aspectos como funções, organismo, papéis, sensibilidade, força e até mesmo nos níveis cromossômicos e cerebrais. Fato é que, se diferimos em muito, nos igualamos em muito também.

Com essa verdade em mente, devemos buscar compreender o que deve ter mais peso aos olhos de Deus no que se refere ao exercício de dons e talentos de cada mulher no reino de Deus: se as semelhanças delas para com os homens ou as diferenças. Será que os seres humanos do sexo feminino devem ser inseridos em contextos eclesiais e missionais como pregação, pastoreio, evangelismo, ensino e socorro, em razão das similitudes com os seres humanos do sexo masculino, ou devem ser excluídos, em razão das diferenças entre eles? A olhos oficiais, a resposta é clara, se tomarmos por base o pouco espaço que lhes foi reservado ao longo da história da igreja.

Se a igreja cristã tradicionalmente tem adotado um perfil muito masculino nas funções de governo e ministério,

APRESENTAÇÃO

ao longo dos séculos houve mulheres que subverteram essa ordem e assumiram papéis importantíssimos na trajetória da igreja e no desempenho de ações necessárias para a propagação do reino de Deus e a saúde da igreja. Foram mulheres que pregaram, ensinaram, cuidaram, confrontaram, exortaram e evangelizaram — com excelência, fidelidade e fé.

Para uns, isso seria uma subversão do papel bíblico da mulher e, portanto, desagradaria ao Senhor. Para outros, essa participação ativa do sexo feminino, com excelentes resultados, seria prova de que Deus não as chamou apenas para fiar e cuidar do lar, mas para atuar de forma plena e assertiva no dia a dia do reino de Deus. Se essa é uma discussão válida e importante, ela não muda o fato de que houve mulheres que impactaram profundamente a história da igreja pelo que foram, fizeram, falaram e escreveram. E é sobre elas que trata *Reformadoras*.

Nesta obra, Rute Salviano Almeida e Jaqueline Sousa Pinheiro fazem um brilhante trabalho de resgate da memória de filhas de Deus que devotaram a vida à causa do evangelho de Jesus Cristo e deram uma contribuição inestimável a um dos movimentos mais importantes da trajetória da Cristandade: a Reforma Protestante. Essas servas do Senhor entregaram por amor a Cristo o intelecto, o coração, o tempo, os esforços e até a própria vida, a fim de cumprir a grande comissão e levar o povo de Deus à maturidade espiritual. Portanto, este livro é, também, um memorial que chama a atenção para o valor que seres humanos do sexo feminino tiveram — e ainda têm — na manifestação do reino de Deus na terra.

Que aprendamos todos nós — homens e mulheres — com o exemplo e o legado que elas deixaram. Por sua

APRESENTAÇÃO

influência e seu impacto, ganharam o direito de serem chamadas de *reformadoras*, uma vez que estiveram na linha de frente da Reforma e, com sua ação, ajudaram a fortalecer, disseminar, defender e proliferar os ensinamentos dos pais desse movimento. Se, por um lado, elas não foram o motor que originou a Reforma, por outro foram peças essenciais para o funcionamento da máquina que fez o protestantismo avançar e se solidificar como um dos grandes ramos da Cristandade no planeta.

É desejo da GodBooks e da Thomas Nelson Brasil que o exemplo dessas heroínas da fé sirva como motivação para que ninguém jamais se acomode no exercício de seus talentos e dons pela causa do reino de Deus. Sejam homens. Sejam mulheres.

Boa leitura!

MAURÍCIO ZÁGARI
Editor

PREFÁCIO

A igreja que não conhece a sua origem nem
o que praticaram as suas pioneiras não
tem raízes profundas para alimentar o seu
presente ou dirigir o seu futuro.

EULA KENNEDY LONG

A HISTORIOGRAFIA CONTA QUE, em 31 de outubro de
1517, ao cravar as famosas 95 teses na porta da igreja do
castelo de Wittenberg, Martinho Lutero deu início a um
fenômeno plural, a partir do qual mulheres e homens de
toda condição social — pertencentes à nobreza, à inci-
piente burguesia e até mesmo ao campesinato — abra-
çaram com entusiasmo os ideais da Reforma e foram os
principais agentes desse movimento.

Mais do que falar em Reforma, temos de falar em reformas, já que, desde o início, diferentes teólogas e teólogos protagonizaram o projeto reformista, a saber: Maria
Dentière, Antoine Froment, William Farel e João Calvino
(líderes da Reforma na Suíça); Margarida de Navarra e
Jacques Lefèvre d'Étaples (à frente da Reforma na França);
Catarina von Bora e Martinho Lutero (líderes da Reforma
na Alemanha); Catarina Parr e Thomas Cranmer (líderes
da Reforma na Inglaterra), entre outros.

PREFÁCIO

Todavia, como explicar a ausência de escritos ou relatos que façam menção às mulheres nesse fenômeno plural, cujas figuras tomaram parte ativa no começo dos movimentos religiosos? Como não destacar o protagonismo da vida e obra de ativistas como Argula von Grumbach, que se dispôs a servir os reformadores? Como não ressaltar a presença das esposas dos ministros, como Catarina von Bora, que fez de seu lar um lugar de serviço à comunidade? Como não valorizar as mestras e pregadoras como Maria Dentière e Catarina Zell, que formaram os primeiros convertidos protestantes?

Em resposta a essas e a tantas outras perguntas sobre as diferentes atuações das mulheres que protestaram e fizeram parte do projeto reformista, a obra *Reformadoras* nos brinda com uma pesquisa em que os fundamentos da liberdade cristã e do livre exame das Escrituras estão presentes como características comuns entre todas as personagens citadas. Além disso, ela nos desafia como leitores a pensar em nossa caminhada com Cristo como um compromisso diário de propagação e serviço ao reino de Deus, já que o maior ensinamento que essas mulheres nos deixaram foi de que a plenitude da existência cristã se dá nos afazeres cotidianos, na família e no trabalho.

Neste livro, Rute Salviano Almeida e Jaqueline Sousa Pinheiro buscaram desenvolver uma pesquisa preocupada em apresentar a experiência e o compromisso de cada personagem com a práxis cristã. Capítulo a capítulo a leitura revela a missão redentora de Deus ao mundo por meio da vida dessas mulheres, que enxergaram os desafios contextuais da época como possibilidades para transformar vidas e realidades.

PREFÁCIO

Apresentados e estruturados por meio de blocos temáticos — "Escritoras apologetas da Reforma", "Nobres reformadoras francesas", "Esposas de reformadores" e "Rainhas e mártires na Inglaterra" —, os capítulos dão forma e vida ao trabalho das autoras, que se preocuparam não somente em nos presentear com sua obra, mas também em nos proporcionar a profunda experiência de resgatar o papel da mulher como peça fundamental para o desenvolvimento do protestantismo.

O livro é um memorial à Reforma que nos obriga a prestar atenção nas suas luzes e sombras, nas possibilidades e nos fracassos, nas contribuições e renúncias, na realidade tal como foi e tal como se deu, tendo as mulheres como partícipes plenas desse feito. É dessa perspectiva abarcadora que *Reformadoras* aporta sua reflexão, visibilizando, dando valor à experiência das mulheres no marco desse fenômeno plural e ampliando a compreensão sobre a produção bíblico-teológica feita por mulheres.

É hora de nos aproximarmos da Reforma por meio da experiência feminina, o que implica acolher e significar seu lugar de enunciação, ou seja, esse lugar em que a leitura nos põe para interagir com o horizonte interpretativo, que nos remete à base do sistema cultural da época expresso na vida de cada mulher. E que certamente nos possibilitará, como leitores, ampliar a compreensão sobre uma história que tem raízes profundas e que servirá para alimentar o nosso presente e dirigir o nosso futuro como igreja do Senhor! Ótima leitura!

VANESSA CARVALHO
Teóloga, doutoranda em Teologia pela PUCPR,
mestra em Psicologia Social, docente da FTSA e
vice-coordenadora do coletivo EIG

PALAVRAS INICIAIS

A MAIOR PARTE DOS HISTORIADORES modernos que tratam da Reforma raramente menciona as mulheres, e são poucos os estudos sociais que tentam avaliar o papel feminino nas mudanças religiosas do século 16. Algumas hipóteses podem ser levantadas para justificar essa lacuna: as mulheres daquele tempo não se interessavam por teologia, não eram capazes de entendê-la ou não tinham nenhum destaque ou importância; portanto, não seria relevante falar sobre elas.

Após pesquisa, concluímos que as mulheres daquela época que tiveram acesso às Escrituras encantaram-se com a doutrina da salvação pela fé e a divulgaram. Apesar de bíblica, essa doutrina libertadora não era praticada pela igreja romana, que pregava a necessidade de obras e até mesmo o pagamento pelo perdão dos pecados. Portanto, a boa-nova da redenção somente pelo sangue de Cristo foi acolhida com alegria.

Se as mulheres, como comprovado, participaram do movimento, por que não são citadas e elogiadas, e suas histórias de vida não são conhecidas? Porque desde os primórdios do cristianismo a mulher era considerada uma "Eva", aquela que levou o homem a pecar e causou sua queda. Ela seria incapaz intelectualmente, mais débil fisicamente e mais propensa às tentações sexuais.

PALAVRAS INICIAIS

Para os autores da História, não era relevante escrever sobre pessoas que não tinham capacidade racional e ainda contribuíam para a fraqueza do homem com suas investidas. E, como as mãos que relatavam os fatos históricos eram masculinas e pertencentes ao clero da igreja, a participação feminina ficou de fora desde o início dos relatos eclesiásticos.

A Reforma não modificou o papel tradicional da mulher, limitado às tarefas domésticas, à educação dos filhos e ao silêncio na igreja. Contudo, o compromisso religioso, a leitura bíblica — que lhe abriu a porta da educação —, a perseguição e o martírio devolveram-lhe a sua principal atribuição como cristã: o de comunicadora da fé.

Nosso objetivo primordial é contribuir para resgatar esse papel ao falar sobre mulheres que foram fundamentais para o desenvolvimento do protestantismo. Em uma época de confusão espiritual, enfermidade moral e depravação sexual, as vozes femininas se ergueram para defender o sacerdócio universal de todos os crentes e, assim, provar que, mesmo não havendo qualquer cuidado em guardar suas cartas e seus textos, pelo contrário, até com a proibição de serem divulgados, elas existiram, creram e defenderam a fé cristã.

As personagens citadas neste livro escreveram e propagaram a doutrina protestante, acolheram os perseguidos e foram companheiras dos reformadores; mas também sofreram preconceito, críticas, tortura e martírio somente por serem mulheres em busca de entender e escrever sobre teologia.

Distribuímos a história de cada personagem em quatro blocos temáticos, de acordo com seu principal papel no movimento: escritoras apologetas, nobres patrocinadoras, esposas humanitárias de reformadores, rainhas e mártires. Como os papéis femininos são múltiplos, foram ao mesmo tempo: nobres escritoras e guerreiras; escritoras apologetas e humanitárias, bem como rainhas convertidas e mártires convictas. Porém, acima de tudo foram mensageiras do evangelho de Cristo, pois o principal papel de todas as mulheres na história do cristianismo é o de ser cristã.

Olympia Morata Grunthlera
faciebat

Tradução do salmo 46, em grego, por Olympia Morata. [1]

ESCRITORAS APOLOGETAS DA REFORMA

Os salmos de Morata representam um momento único na história cultural da Europa. Eles são um produto exemplar de ambas as metades do humanismo bíblico. Já houve entre os evangélicos uma tradição de transformar os Salmos em versos latinos clássicos [...]. Morata, contudo, foi a primeira a usar o grego.[2]

VOZES EXPRESSAS PELA PENA

Elevando suas vozes, as mulheres começaram a escrever e a lutar não mais com o fuso, mas com a pena. Para elas, seu combate pela paz era com seus escritos. Estavam empenhadas numa missão sagrada e, em primeiro lugar, escreviam sobre os filhos, para os filhos e aos filhos, depois escreviam a Deus, para Deus e a respeito de Deus.[3]

AS ESCRITORAS DA REFORMA não agradavam a alguns homens que as consideravam assexuadas e lhes recomendavam que abandonassem suas "deformidades" para se revestir das qualidades próprias da mulher: silêncio, castidade, obediência ao marido e amor aos filhos. O humanista holandês Erasmo de Roterdã, contudo, foi um defensor do direito à instrução da mulher e afirmou que, embora os bem-nascidos ensinassem as filhas a trabalhar a seda e a tecer tapeçarias, "seria melhor se lhes ensinassem a estudar, pois o estudo incentiva toda a alma [e é] não só uma arma contra o ócio, mas também um meio de incutir os melhores princípios na mente de uma jovem e de conduzi-la à virtude".[4] Para ele, nada era mais intratável do que a ignorância.

Também Angelo Poliziano, um dos gigantes da literatura do século 15, escreveu, ao elogiar a erudita veneziana Cassandra Fedele: "É raro até para os homens notabilizarem-se nas letras, sois a única donzela viva que tomas um livro em vez de lã, uma pena em vez de *rouge*, uma escrita em vez do bordado, e que, em vez de empoar a face, cobre papel com tinta".[5]

Louise Labé, poetisa de origem humilde da França do século 16, foi estimulada por seu talento a escrever poesias e publicá-las. Ela reforçou a ideia de Erasmo ao afirmar, em uma mensagem às mulheres, em 1555, que elas deviam:

> [...] *levantar suas mentes um pouco acima de suas rocas e fusos* [...] aplicando-se à ciência e ao estudo [...] para fazer saber ao mundo que, se não fomos feitas para comandar, nem por isso devemos ser desdenhadas como companheiras, tanto nos negócios públicos como nos privados, daqueles que governam e são obedecidos.[6]

A roca e o fuso eram símbolos da sujeição feminina e foram comumente usados nos ataques às escritoras da Reforma. Recomendaram a Catarina Zell não se intrometer nos assuntos da igreja e se concentrar em sua máquina de fiar. Já Argula von Grumbach sofreu ataques grosseiros, vulgares e obscenos ao seu caráter, chegando a ser chamada de "animal selvagem e promíscuo que *descaradamente abandonou sua roca e seu fuso*". Esta foi a resposta dela ao estudante Johannes de Landzhut:

> Se argumentas que sou muito ignorante,
> então compartilha tua grande sabedoria comigo!
> *Mas um fuso é tudo o que ofereces.*
> Em todo o ensino, é o que ofereces.
> Mas este excelente Mestre das Letras
> Ensinaria meus deveres domésticos!
> Essas funções que eu realizo todos os dias.
> Como eu poderia esquecê-las, suplico?
> Contudo Cristo me diz — eu ouço sua voz —
> Que ouvir suas palavras é a melhor escolha.[7]

Argula disse ainda que o estudante consideraria a juíza Débora incapaz de liderar o povo de Israel por ser uma mulher e, se ele vivesse naquela época, tentaria impedir que Deus realizasse seu plano por não suportar a vitória divina por meio de uma corajosa mulher.

A erudita italiana Olympia Morata afirmava estar convencida de que Deus tinha dado à raça humana as ciências e os estudos teológicos, que eram mais excelentes, e por isso ela considerava a roca e o fuso objetos inanimados e as tarefas realizadas com eles inúteis, e não tinham qualquer atração nem força para convencê-la do contrário.

Infelizmente, porém, quando uma mulher demonstrava um alto nível de talento, conhecimento bíblico e educação na época do Renascimento, cria-se que sua erudição era contrabalançada por uma desvalorização de suas qualidades femininas. Mesmo assim, as protestantes, amparadas pelas doutrinas do direito à liberdade de consciência religiosa e do sacerdócio universal de todos os crentes, justificaram sua escrita e publicaram suas experiências religiosas, opiniões e exortações. E elas o fizeram brilhantemente por meio de cartas, panfletos, contos, poesias e salmos musicados. Porém, por causa disso, foram arduamente combatidas.

ARGULA VON GRUMBACH

1492–1556/1557?

OPINIÃO ALICERÇADA NA
VERDADEIRA ROCHA[8]

> E mesmo se acontecesse de Lutero revogar tudo
> o que disse — que Deus não o permita —, isso
> não mudaria em nada a minha opinião. Eu não
> construo a minha opinião sobre a opinião de
> Lutero ou de qualquer outra pessoa, mas sobre a
> verdadeira rocha: Jesus Cristo.[9]

Considerada a primeira mulher reformada da Europa e uma verdadeira apologeta, Argula defendeu veementemente a Reforma e seus promotores. Ela entrou para a História como a pioneira da literatura escrita por mulheres no protestantismo.

Argula von Stauff nasceu perto de Regensburg, em 1492. Sua família era formada por líderes proeminentes da nobreza bávara. Ainda menina, aprendeu a ler e escrever e, aos 10 anos, recebeu uma Bíblia[10] de seu pai com a recomendação de que a estudasse com dedicação. Ela não o fez de imediato, desaconselhada por monges franciscanos que achavam que a leitura seria confusa para uma criança. Mas, ao descobrir os escritos reformadores, que remetiam às Escrituras, passou a lê-las ininterruptamente, chegando a decorar trechos bíblicos e ser conhecida como uma "Bíblia alemã ambulante".

Com 16 anos, Argula ingressou na corte em Munique como dama de companhia da duquesa Kunigunde, irmã do imperador Maximiliano e esposa do duque Alberto IV. Na convivência com as filhas do casal, recebeu uma formação a que somente famílias com boas condições financeiras tinham acesso.

A adolescência de Argula foi marcada pela tragédia. Seus pais adoeceram com a peste negra e morreram, em 1509. O irmão de seu pai, Jerônimo, tornou-se seu tutor. Ele era uma figura importante na corte, mas acabou desonrado em um escândalo político que levou à sua execução, em 1516. Provavelmente, a indignação dela com a morte do tio a fez revoltar-se com a violência e a coerção ao longo da vida.

Naquele mesmo ano, Argula casou-se com Frederico von Grumbach, a quem conhecera na corte. Seu esposo, com quem teve quatro filhos, era um católico que se contentava com a igreja papal.

Envolvimento com a Reforma

> Geralmente me chamam de luterana, mas eu não o sou. Eu sou batizada no nome de Cristo, a quem eu confesso, e não confesso Lutero. Mas eu confesso que ele, Martinus, também se confessa como um fiel cristão. Que Deus ajude, para que nunca mais neguemos isso, nem por vergonha, desonra, cárcere ou torturas.[11]

Argula foi considerada pela igreja luterana uma adepta da Reforma desde seus 10 anos, por sua vocação para os assuntos espirituais. Quando casada, além dos cuidados com a casa e os filhos, lia a Bíblia e se correspondia com os reformadores, até mesmo com Lutero, que a admirava pela potencialidade teológica, fé e coragem.

Quando Argula foi perseguida pelo duque da Baviera, Lutero escreveu a um amigo afirmando que aquele duque era raivoso e empenhava-se contra o evangelho. Ele ressaltou que só Argula continuava firme na fé e pediu que todos orassem por ela: "Que mulher mais nobre, Argula von Stauff, que lá está travando uma corajosa luta, com grande espírito, ousadia de expressão e conhecimento de Cristo".[12]

Argula conheceu Lutero pessoalmente quando, depois de participar da Dieta de Augsburgo,[13] foi até o castelo de Coburgo, onde ele se refugiava, e lhe contou sobre o progresso da dieta. Naquela ocasião, também arranjou um encontro entre simpatizantes da Reforma, na esperança de que eles chegassem a um acordo sobre a ceia do Senhor, o que realmente aconteceu, com Melanchthon representando Wittenberg, e Martin Bucer representando os alemães do sul.

Como Argula se tornou panfletista[14]

Quando ninguém se apresentou para defender Seehofer, Argula ocupou a brecha sozinha. Em 20 de setembro de 1523, foi emitida uma carta, que se transformou em panfleto, a primeira escrita por uma mulher protestante, dirigida à

> Câmara Municipal e aos principais teólogos da universidade.[15]

Argula se tornou a primeira panfletista da Reforma ao se aprofundar na doutrina bíblica, mesmo sendo leiga e mulher. Tudo começou com uma polêmica com a Universidade de Ingolstadt. A corajosa bávara ficou sabendo que a instituição havia condenado o professor Arsacio Seehofer por divulgar as ideias reformistas. As autoridades proibiram a recepção das doutrinas luteranas, e a cidade cumpriu esse mandato. Por isso, em 1523, o jovem professor foi acusado de heresia e preso por suas opiniões protestantes. Argula, então, escreveu uma carta pública para a universidade,[16] defendendo Arsacio, Lutero e Melanchthon e desafiando os professores a um debate público sobre as questões contestadas.

Era um fato inédito uma mulher se intrometer em política e religião. Argula estava bem ciente disso, tanto que informou ter inicialmente reprimido sua inclinação e, mesmo com o coração pesado, disse não ter tomado nenhuma atitude porque Paulo escrevera que as mulheres devem guardar silêncio e não falar na igreja. Contudo, como nenhum homem se manifestou, sentiu-se impelida a fazê-lo.

Em sua carta, Argula argumentou que Mateus 10.32 referia-se ao "sacerdócio de todos os crentes" e não simplesmente ao sacerdócio de todos os homens ("Portanto, todo aquele que me confessar diante dos homens, também eu o confessarei diante de meu Pai, que está nos céus"). Ela cria que essas palavras incluíam igualmente todos os cristãos e ela.

Sob ameaça de tortura, Seehofer foi forçado a se retratar e acabou condenado à clausura em um mosteiro. O incidente teria ocorrido discretamente, mas Argula, indignada, refutou duramente a prisão e o exílio do professor, alegando a necessidade de obedecer às Escrituras, e não às tradições da igreja. Na sua longa carta, citou mais de oitenta textos bíblicos e fez comparações lógicas para combater a decisão tomada pela universidade. Por ter seu pedido de diálogo negado pela reitoria, publicou seus textos como cartas panfletárias. Estima-se que foram reproduzidos mais de trinta mil exemplares em apenas dois meses.

Argula também escreveu cartas abertas ao duque da Baviera e ao conselho municipal de Ingolstadt, que foram impressas e amplamente distribuídas. Suas cartas e seus poemas tornaram-se *best-sellers* na sua época, com dezenas de milhares de cópias em circulação por toda a Alemanha em pouco tempo.

Críticas e perseguição

A ira dos teólogos foi ilimitada. Em vez de debater, os poderosos demitiram seu esposo e ordenaram que ele a colocasse na linha, usando a violência, se necessário. Ela precisava se lembrar de "seu lugar". Argula se tornou o alvo dos sermões do professor Hauer. Em um sermão de 8 de dezembro, ele a chamou de: "demônio feminino", uma "fêmea desesperada", uma "filha miserável e patética de Eva", um "diabo arrogante", uma "tola", e completou chamando-a de "vadia herética" e "sem-vergonha".[17]

Os ataques e a repressão não a silenciaram, e Argula continuou escrevendo e atraindo cada vez mais reações contrárias. Na época não era permitido às mulheres viajarem desacompanhadas; contudo, ela foi sozinha a Nuremberg para encorajar os príncipes alemães a aceitar os princípios da Reforma.

Argula enviou uma cópia da carta que havia escrito para a universidade ao duque da Bavária William IV, junto com uma carta particular para ele, na qual denunciava a exploração financeira e a imoralidade praticadas pelo clero.[18] Nem a universidade nem o duque lhe deram qualquer resposta; somente um aluno que se intitulou "estudante livre de Ingolstadt" escreveu sobre Argula com rimas e de forma jocosa, afirmando que ela queria assumir o papel de doutora, sendo apenas uma serva, e pretendia ensinar uma nova fé ao príncipe e inspetor. A resposta dela é bem interessante:

> Eu respondo em nome de Deus
> Para calar a boca desse ousado esnobe,
> que me reprova por falta de vergonha,
> quando ele tem medo de revelar seu nome.
> Um "estudante livre" em Ingolstadt.
> Eu não lhe retribuirei olho por olho.
> Mas se, como se orgulha, ele é livre assim
> Por que não revela seu nome a mim?
>
> Ele me diz para cuidar do meu fuso
> Obedecer ao meu homem de fato é apropriado,
> Mas, se ele me afastar da Palavra de Deus,
> Em Mateus 10 é declarado:
> Casa e filhos devemos abandonar
> E somente a Deus honrar![19]

O poder político reagiu aos escritos de Argula e, como consequência, seu marido, Frederico, perdeu o emprego. Ele fora nomeado administrador de Dietfurt, uma região da Baviera. O argumento para sua demissão: ele não fora capaz de impedir a publicação das cartas da esposa: "Para os nobres, a honra era uma das coisas mais importantes na vida, e, com os escritos públicos de Argula, era como se o marido tivesse perdido o poder de chefe da família e estivesse traindo os poderes religiosos e políticos".[20]

Frederico discordava das ideias da esposa e chegou a receber a possibilidade de ser perdoado ante a lei se a matasse, mas ele preferiu tolerar, a contragosto, o posicionamento de Argula. A família, porém, sofreu as consequências: dificuldades financeiras, abalo no casamento e empecilhos ao estudo dos filhos.

Em 1530, Frederico faleceu, e Argula se casou novamente, em 1533, com o conde Von Schlick, que apoiava ardentemente a Reforma. Infelizmente, esse segundo e mais feliz matrimônio durou pouco. O conde foi preso por parentes vingativos, em razão de uma disputa familiar, e morreu prematuramente, em 1535.

Muitas tragédias abateram-se sobre a intrépida reformadora, que vivia em uma sociedade violenta e corrupta. Próximo ao final da vida, ela foi desprezada, mantida em cativeiro e forçada a fugir para sua cidade natal.

Legado

> Seus escritos [de Argula von Grumbach] publicados durante a sua vida como cartas panfletárias estavam entre os *best-sellers* nos tempos da Reforma.[21] Argula foi homenageada

> pelos pietistas alemães no século 18, foi
> venerada em várias hagiografias populares de
> valor histórico espúrio no século 19 e, finalmente,
> tornou-se tema de pesquisa no século 20.[22]

Os últimos anos de vida de Argula foram muito difíceis, com problemas financeiros e a morte de três filhos. Ela foi criticada até depois de morrer pelo jesuíta Jacob Gretser, que a chamou de "luterana Medeia", em referência à homicida da mitologia grega.

No entanto, suas cartas/panfletos ajudaram a divulgar o movimento reformador na Baviera. Levando em conta que foram lidos em voz alta para uma sociedade analfabeta, seu alcance foi muito além dos exemplares distribuídos. Eles foram considerados escritos teológicos de alguém com conhecimento inegável, e o pastor e teólogo Balthasar Hubmaier, seu contemporâneo, afirmou: "Argula sabe mais da palavra divina do que os chapéus vermelhos (canonistas e cardeais) nunca conseguiram conceber".[23]

Não existe consenso sobre o ano da morte de Argula. O relato de sua vida foi incluído na *História dos Mártires,* de Ludwig Rabe, de 1572, a primeira obra da hagiografia luterana. O texto a consagrou como confessora,[24] especialmente para o consolo e o encorajamento do sexo feminino.

Argula enfrentou homens poderosos e ocupou a brecha quando líderes protestantes não se manifestaram. Seu conhecimento bíblico trouxe ricos dividendos para seus escritos, e ainda hoje sua obra é desafiadora, edificante e leva à reflexão teológica.

Em 2005, a Igreja Evangélica Luterana da Baviera criou a fundação Argula von Grumbach-Stiftung, que promove a igualdade de direitos de homens e mulheres na instituição. Dessa forma, ela continua a ser lembrada pela coragem, ousadia e forte fidelidade às Escrituras.

MARIA DENTIÈRE

1495–1561

ELA NÃO ESCONDEU SEU TALENTO, MAS PERSEVEROU ATÉ O FIM[25]

> Portanto, se Deus deu graça a algumas boas mulheres, revelando a elas, por meio de suas Sagradas Escrituras, algo santo e bom, devem elas hesitar em escrever, falar e declarar umas às outras por causa dos difamadores da verdade? Ah, seria muito audacioso tentar detê-las, e seria muito insensato escondermos o talento que Deus nos deu, nós que temos a graça de perseverar até o fim.[26]

Maria Dentière — ou d'Ennetières — nasceu na cidade de Tournai, em Flandres, norte da Bélgica, em uma família católica da baixa nobreza. Como muitas moças de sua classe social, foi encaminhada à vida religiosa. Ainda jovem, ingressou no convento agostiniano de Saint-Nicolas-dés-Prés, onde se tornou abadessa em 1521. Com livre acesso à biblioteca, teve contato com as obras de Lutero, que a levaram a uma profunda reflexão e à busca da salvação exclusivamente em Cristo.

Sob a influência dos escritos reformados, Dentière abandonou o convento. Mais tarde, ela relataria sua fuga e contaria como Deus lhe mostrara a vida triste que levava, guiando-a para a luz da verdade: "Nesses conventos não há nada além de hipocrisia, corrupção mental e ociosidade. E, então, sem hesitar, eu tomei 500 ducados[27] do tesouro e deixei aquela vida miserável".[28] Essa foi uma declaração às freiras clarissas de Genebra, que Dentière quis convencer a abandonar o convento, enfatizando que, graças somente a Deus, já possuía cinco bons filhos e levava uma vida feliz e saudável. A renúncia ao celibato clerical e a exaltação das alegrias do casamento, com base nas Escrituras, tornaram-se temas fortes do seu ministério.

Para Dentière, o sacerdócio universal de todos os crentes claramente incluía as mulheres. E, se elas tivessem acesso à Bíblia, poderiam interpretar e pregar a mensagem evangélica da salvação. Dentière cria firmemente que o caminho para as mulheres buscarem sua identidade era por meio do conhecimento das Escrituras Sagradas.

Envolvimento com a Reforma

> Eu pergunto: Não morreu Jesus tanto pelos pobres iletrados e pelos tolos quanto pelos barbeados, tonsurados e clérigos? Será que ele disse somente: Vai pregar meu evangelho aos senhores sábios e grandes doutores? Ele não disse "a todos"? Nós temos dois evangelhos: um para homens e outro para mulheres? Um para os eruditos e outro para o povo? Nós não somos um em nosso Salvador? Em nome de quem nós

> somos batizados: no de Paulo ou de Apolo, no do
> papa ou de Lutero? Não é no nome de Cristo?[29]

Refugiada em Estrasburgo, Dentière conheceu o pastor Simon Robert, ex-padre agostiniano, com quem se casou. Ela o ajudava em seu trabalho pastoral e frequentemente o acompanhava em suas viagens evangelísticas. Estudante diligente das Escrituras, Dentière aprendeu hebraico e auxiliava o marido com traduções de textos bíblicos. Maria e Simon tiveram cinco filhos e foram o primeiro casal de língua francesa a aceitar um ministério pastoral na igreja reformada.

Após ficar viúva, Dentière se casou com Antoine Froment, um diácono do reformador William Farel que, posteriormente, se tornaria pastor. Convidados por Farel, mudaram-se para Genebra, onde aprenderam mais sobre a doutrina dos reformadores e Dentière levantou a bandeira em defesa da mulher protestante no ministério da pregação pública.

O apoio ao movimento da Reforma ainda era pequeno na cidade, mas, de 1532 a 1536, ocorreu uma revolução dos protestantes contra o clero. Com a vitória dos reformadores, Genebra se tornou independente, e o príncipe-bispo[30] foi deposto. A partir de maio de 1536, os genebrinos se dedicaram a viver pela Palavra de Deus, suspendendo as práticas romanas e transformando o lugar em uma cidade protestante estatal.

O reformador João Calvino se tornou o líder espiritual da cidade, que se converteu em um centro de atividade protestante, produzindo obras como o *Saltério de Genebra*. Surgiram, porém, tensões entre Calvino e as autoridades civis, e ele e Farel foram exilados, entre 1538 e 1541.

Obras literárias

> Embora não seja permitido a nós [mulheres] pregar em assembleias públicas e nas igrejas, não obstante não nos é proibido escrever e admoestar uma à outra com todo amor. Não somente para vós, senhora, desejei escrever esta carta, mas também comunicar coragem a outras mulheres mantidas em cativeiro, a fim de que todas elas não temam ser exiladas de seu país, parentes e amigos, como eu mesma, por causa da Palavra de Deus [...] para que elas possam, de agora em diante, não ser atormentadas e afligidas em si mesmas, mas antes, rejubiladas, consoladas e estimuladas a seguir a verdade, que é o evangelho do Senhor Jesus Cristo.[31]

Essa citação é um trecho da introdução de sua carta mais conhecida, *A epístola muito útil*, escrita à rainha Margarida de Navarra. No texto, ela demonstra todo seu interesse em que as mulheres conheçam o evangelho.

As obras de Dentière foram: *L'abécédaire ou grammaire élémentaire en français* (*Uma gramática francesa elementar*), primeira gramática escrita em francês; *La guerre et deslivrance de la ville de Genève* (*A guerra e a libertação da cidade de Genebra*), um relato histórico considerado o primeiro do gênero a ser impresso depois que a cidade aderiu à Reforma; *L'Epistre très utile* (*A epístola muito útil*), que foi considerada um tratado teológico; e o prefácio de um sermão de Calvino sobre roupas femininas.

A guerra e a libertação da cidade de Genebra foi publicado anonimamente e pedia que os habitantes da cidade adotassem a Reforma. No subtítulo, informava ter sido escrito por um comerciante local, porque Dentière temia que seu relato não fosse apreciado pelos líderes protestantes se tivesse sido escrito por uma mulher. A obra quase desapareceu e só foi atribuída a Dentière no século 19.

A epístola muito útil se transformou, em 1539, em um livro com dois textos: "A epístola muito útil" e "Em defesa das mulheres",[32] no qual argumentou a favor de uma participação mais ativa das mulheres na sociedade e na igreja, com o mesmo acesso aos estudos que os homens. A carta foi uma resposta à indagação de Margarida de Navarra sobre o motivo da expulsão de Calvino e Farel de Genebra. Dentière, corajosamente, criticou o que chamou de "estupidez" dos governantes protestantes da cidade, os quais, por serem, em sua opinião, fracos, intriguistas, propagadores de dissensão e só cuidarem dos próprios interesses financeiros, desrespeitaram os verdadeiros pregadores do evangelho. Para ela, os verdadeiros ministros deviam agradar a Deus, e não aos homens.

Dentière atacou enfaticamente as práticas romanas, supostamente auxiliares da salvação, e afirmou que honrar invenções humanas sem base nas Escrituras era idolatria maligna que os religiosos criaram para saquear e roubar os pobres. Ela também destacou as doutrinas reformadas e combateu vigorosamente o papado e a missa.

Em um entendimento diferente do de Lutero e Calvino, Dentière refutou a crença de que na ceia o pão é transformado, ou transubstanciado, no corpo de Cristo e que seu corpo descia do céu e se escondia sob o pão ou com o pão. Ela afirmou: "Você não deve pensar que essas palavras santas e puras que Cristo falou: 'Este é o meu corpo que é dado a vós; fazei isto em memória de mim' cria qualquer coisa além de pão, que tomamos em memória da morte de Jesus".[33] Em seu texto, fica clara a defesa da fé cristã e do papel da mulher no ministério de pregação e ensino, cuja causa ardia em seu coração. Com intrepidez e ousadia, Dentière lutou para que o evangelho fosse conhecido e pregado por todos.

Defesa das mulheres

> Até agora, as Escrituras estavam bem escondidas delas. Ninguém se atreveu a dizer uma palavra sobre isso, e passou a impressão de que as mulheres não deveriam ler ou ouvir nada das Sagradas Escrituras. Esta é a razão principal, minha Senhora, que me moveu a lhe escrever, esperando em Deus que daqui em diante as mulheres não sejam tão menosprezadas como no passado. Pois, dia após dia, Deus muda o coração de seu povo para o bem. É isso que eu oro para que aconteça logo em todo o mundo. Amém.[34]

Embora o movimento reformado tenha ampliado o acesso ao texto bíblico, muitas mulheres eram impedidas de participar dos debates públicos e deviam manter posição de silêncio. Por esse motivo, a escrita de Dentière foi tão forte na defesa da importância do papel das mulheres e da necessidade de instrução para elas. Já no início de *A epístola muito útil*, a autora faz uma referência a "nós, mulheres", deixando explícito que ela se vê dentro de uma categoria específica.

O texto traz um relato sobre a relevância das mulheres que fizeram parte das narrativas bíblicas e denuncia o discurso dicotômico sobre os sexos, muito difundido na época, segundo o qual as mulheres seriam infinitamente mais propensas ao erro, pois descendiam de Eva, aquela que levou o homem a pecar e, portanto, foi a responsável pela queda de toda a humanidade. Em contraposição, Dentière lembra que os homens também estão sujeitos às mesmas falhas e surpreende com o exemplo utilizado para validar sua fala: "Embora exista imperfeição em todas as mulheres, os homens não estão livres disso. Por que é necessário criticar tanto as mulheres, uma vez que nenhuma mulher jamais vendeu ou traiu Jesus, mas um homem chamado Judas?".[35] Ela, portanto, muda o discurso acusador em relação às mulheres, que tem Eva como exemplo e modelo do pecado, pela figura de Judas, um exemplo masculino de ambição e traição.

No entanto, o incentivo de Dentière ao envolvimento das mulheres na escrita e na teologia irritou as autoridades de Genebra. Após sua publicação, *A epístola muito útil* foi confiscada pelo governo da cidade; o gráfico responsável, Jean Gérard, foi preso; e a maioria das cópias acabou destruída. Aproximadamente 400 exemplares da carta sobreviveram e entraram em circulação.

Depois da supressão do trabalho de Dentière, o conselho de Genebra impediu a publicação de qualquer outra autora na cidade pelo resto do século 16. Segundo o escritor Martinho Lutero Semblano: "Lamentavelmente, sua obra acabou tornando-se a primeira vítima de censura por parte do protestantismo, imitando a postura

ESCRITORAS APOLOGETAS DA REFORMA

historicamente mantida pelo catolicismo romano ao longo de sua existência".[36]

Dentière, contudo, não se calou e irritou até mesmo os reformadores de Genebra, que a consideraram uma má conselheira do marido. Em uma carta a Calvino, Farel o qualificou como "joio no meio do trigo", e Antoine Froment acabou transferido para a cidade vizinha de Massongy.

No final de sua vida, Dentière recebeu um pedido de Calvino para que prefaciasse seu sermão sobre o devido vestuário da mulher cristã. Esse foi seu último texto, escrito em 1561, mesmo ano de sua morte.

Legado

> Dentière ergueu um protesto dentro do protestantismo, pois não lhe agradava que as mulheres fossem limitadas na instrução e no debate, pontos tão difundidos pelos reformadores. A crítica tecida defende a ampliação da democratização do ensino para o êxito do movimento. Dessa forma, Dentière demonstrou entender que as mulheres com conhecimentos teológicos sólidos estariam prontas para argumentar em qualquer circunstância.[37]

Apesar da qualidade de seus escritos teológicos, e mesmo tendo defendido os protestantes, Maria Dentière sofreu perseguição e incompreensão dos próprios reformadores genebrinos, o que impediu a divulgação de seus textos e prejudicou seu legado literário.

O engajamento firme em prol da Reforma não foi suficiente para livrá-la das reprovações pelo fato de ser uma mulher que ousou escrever e alertar os líderes religiosos. Dentière teve de lidar não somente com a crítica católica, mas também com a protestante: "Não apenas certos caluniadores e adversários da verdade tentarão nos acusar de excessiva audácia e temeridade, mas também certos fiéis dirão que é muito ousado para as mulheres escreverem umas às outras sobre assuntos das Escrituras".[38]

Até o século 20, a História ignorou Dentière como participante do grupo dos reformadores de Genebra. Ela só foi descoberta quando surgiram questionamentos sobre as mulheres da Reforma. Sua trajetória demonstra quanto as mulheres ansiavam por desempenhar um papel mais relevante na vida religiosa e quanto ficavam desapontadas por sofrer discriminação.

Muitas mulheres corajosas professaram a fé reformada em seus primórdios, mas poucas se expressaram teologicamente. Por esse posicionamento, em 3 de novembro de 2002, o nome de Dentière foi gravado no Memorial da Reforma de Genebra ao lado dos nomes de Jan Hus e John Wycliffe e das estátuas de grandes vultos do movimento, como Calvino, Farel, Knox e Zuínglio.

OLYMPIA MORATA

1526–1555

Iluminada pela luz e sabedoria de Deus, ela realinhou sua vida a novos e mais excelentes valores[39]

> Foi grande a escuridão que envolveu o meu espírito, até que Deus a rasgou com sua graça e deixou iluminar sobre mim a luz de sua sabedoria divina. Eu pude experimentar em mim mesma como ele guia a história humana. Vós sabeis quanto eu estava abandonada e desamparada; aí ele me provou que é pai e senhor protetor dos órfãos. Acredite-me, nenhum amor paternal pode ser comparado à amabilidade e ao cuidado que Deus teve para comigo. Ah, somente então eu reconheci toda a minha tolice.[40]

Olympia Morata foi uma famosa humanista que descobriu o verdadeiro sentido de sua vida quando teve uma experiência de conversão a Cristo e, desde então, usou seus talentos na causa da Reforma. Ela passou por inúmeras dificuldades, sempre crendo que a fé era acompanhada de uma mudança radical de prioridades e que o que importava não era a felicidade na vida presente, mas a esperança de uma vida em abundância. No sofrimento, compreendeu que era fundamental desviar o olhar de si mesma e olhar para Cristo a fim de obter forças.

Menina prodígio

> O humanista italiano Lilio Gregorio Giraldi escreveu: "Entre eles (poetas) encontra-se Olympia Morata, uma menina dotada além de seu sexo. Não contente com sua língua original, ela aperfeiçoou seu conhecimento das letras latinas e gregas, tanto que parece ser uma maravilha para quase todos que a ouvem".[41]

Nascida em Ferrara, na Itália, Olympia Morata foi uma erudita cristã e um fruto da Reforma, educada desde a infância pelo pai, Fulvio Pellegrino Morato, conhecido humanista e professor universitário. Na adolescência, ela foi para a corte de Ferrara como companheira de estudo de Anna d'Este, filha do duque Ercole II e da duquesa Renata.[42] Lá, a jovem continuou seus estudos clássicos sob a orientação do pai e dos irmãos alemães Johannes e Chilian Sinapius.

Olympia foi considerada uma menina prodígio e ganhou elogios de muitos intelectuais por sua fluência em latim e grego. Ainda adolescente, tornou-se famosa fora de seu país e acabou reconhecida como "a mulher mais culta da Europa". Olympia não parava de estudar e lia sem dificuldade obras clássicas. Ela frequentava debates na academia, ouvia e apresentava preleções e era apreciada pela eloquência e pelo bom desempenho.

Na corte de Ferrara, conheceu a mensagem da Reforma por meio de Celio Secondo Curione, reformador erudito amigo de seu pai, e pela influência da duquesa Renata, apoiadora dos reformadores.

Quando Fulvio, seu pai, estava moribundo, Olympia foi chamada para cuidar dele e pôde constatar a ação do evangelho na vida de um discípulo de Cristo. Ela ficou maravilhada com seu belo testemunho de conversão e paz na hora final; e, de humanista, Olympia tornou-se protestante.

Impactada pela mensagem do evangelho

> Eu fui abandonada por minha princesa, que foi afastada não apenas de mim, mas de toda a minha família por calúnias. Você pode imaginar minha dor. Ninguém teve qualquer consideração por nós. Se eu tivesse permanecido na Corte, teria colocado minha salvação em perigo.
> Não tinha permissão para ler o Velho e o Novo Testamento. Comecei a ansiar ir para a casa das muitas moradas, onde um dia é melhor do que mil nas cortes dos príncipes.[43]

A morte do pai e problemas na corte puseram um fim abrupto à carreira brilhante de Olympia. Ela mergulhou, então, em uma profunda crise existencial, em que pôde experimentar a graça de Deus e, finalmente, realinhar sua vida a valores novos e mais excelentes.

Olympia, que antes não sentia nenhuma atração pelas coisas espirituais e cria que tudo acontecia por acaso, por não crer em um Deus pessoal, agora fora impactada com a mensagem viva do evangelho. A fé concedeu à jovem erudita uma nova perspectiva de vida, novos pontos de vista sobre educação e casamento e um direcionamento para lidar com sua autoimagem feminina. Ela descobriu que seus talentos foram dados por Deus e que os estudos humanísticos foram permitidos como passos preliminares para as questões profundas da fé, e passou a crer que a capacitação divina lhe dava propósito de vida.

Casamento e partida de Ferrara

> Oh, todo-poderoso Deus, Rei dos Reis, Criador do homem e da mulher!
> Tu que deste ao primeiro homem uma companheira para que a raça dos mortais não perecesse;
> Tu que desejaste que a alma proveniente da humanidade venha a ser a mística noiva do Teu próprio Filho,
> e que fizeste com que Teu divino Filho desse Sua vida por ela;
> Oh, derrama paz e bênçãos sobre estes dois que agora se unem diante de Ti.
> A Tua lei é o leito nupcial e o hímen deste eterno amor.[44]

Esse foi o lindo hino que Olympia compôs para seu casamento. Ela conheceu na corte Andreas Grunthler, seu futuro esposo e jovem protestante alemão que estudava medicina. Ambos compartilhavam, além da mesma fé, do amor por literatura, poesia e estudos acadêmicos, e se casaram no final de 1549.

Foi um tempo feliz para a jovem, que dividia a vida com um homem comprometido com Cristo e a Reforma. Contudo, o aumento da perseguição aos reformados os forçou a fugir de Ferrara. O movimento da Contrarreforma[45] tornava-se cada vez mais forte na Itália e exercia pressão constante por meio da Inquisição. Diante disso, as duas únicas opções naquele tempo eram a morte ou a fuga. O jovem casal escolheu a segunda, pois, como alemão, Andreas poderia voltar ao seu país.

Eles partiram para a Alemanha levando o irmão de 8 anos de Olympia, Emílio, para nunca mais voltar. A mudança foi bem difícil, pois a jovem deixou a mãe e três irmãs. Antes de chegar ao destino, passaram algum tempo em Augsburgo, onde desfrutaram de uma excelente biblioteca na casa de um amigo. Em seguida, hospedaram-se na casa do professor Johannes Sinapius, em Wurzburgo. Ali usufruíram de um período de descanso proveitoso para os estudos teológicos, pela abundância de literatura cristã à disposição.

A cidade natal de Andreas, Schweinfurt, foi o destino e a residência fixa do casal, onde moraram na casa herdada dos pais dele. Lá viveram em relativa paz por quatro anos, até que a cidade foi invadida.

Envolvimento com a Reforma

> Ignore o fato de que eu, falando com você, sou uma mulher! Em vez disso, certifique-se de que

> Deus graciosamente o convida a vir a ele por
> meio de sua palavra, que minha boca proclama!
> [...] Nunca leve em consideração a pessoa que
> fala com você, mas considere se as palavras que
> ela fala são dela ou de Deus![46]

Olympia utilizou sua erudição e, por meio de cartas e poemas, promoveu a Reforma, escrevendo sobre suas descobertas bíblicas, os escritos de Lutero e a importância do estudo das Escrituras. Ela reconheceu que sua responsabilidade como mulher reformada era a de declarar sua fé, preocupar-se com os perseguidos e ajudar os irmãos em Cristo. Por isso, acompanhava o destino dos protestantes em toda a Europa.

A erudita italiana admoestou sua amiga Anna d'Este, casada com Francisco de Guise, ferrenho perseguidor dos huguenotes,[47] a trabalhar pelos protestantes oprimidos na França e, sem esconder suas convicções, suplicar ao rei por eles.

Morata reuniu pequenos grupos, aos quais transmitiu as doutrinas reformadas, e enviou à sua terra natal escritos de Lutero, traduzidos para o italiano, a fim de que fossem divulgados.

Olympia se comprazia no sacerdócio de todos os crentes, que deu aos leigos nova autoconfiança e os capacitou a pregar o evangelho. Para ela, a Bíblia era a diretriz e luz pela qual ela queria alinhar toda sua vida e em cujas promessas confiava.

Enquanto os seus primeiros anos foram dedicados aos estudos humanistas, os últimos foram aplicados ao entendimento da vontade soberana de Deus. Os historiadores caracterizaram sua vida como um movimento gradual de afastamento de sua educação clássica para um período intenso de compromisso com a reforma religiosa.

Guerra na cidade de Schweinfurt e morte de Olympia

> Eu perdi todas as forças, não sinto gosto pela comida, a tosse é intensa e contínua. As dores por todo o meu corpo me roubam o sono. Assim, não me resta nada mais do que expirar.[48]

Exercendo o cargo de médico das tropas imperiais espanholas sediadas em sua cidade natal, Andreas, a esposa e o cunhado viveram em condições perigosas quando foram pegos no meio de uma terrível guerra. Schweinfurt foi ocupada pelo margrave[49] de Brandeburgo e, depois, sitiada por tropas de três cidades alemãs. O cerco foi longo e difícil e trouxe fome e uma pestilência violenta que matou metade da população. O próprio Andreas ficou gravemente doente e quase não sobreviveu.

Depois que a cidade foi saqueada e incendiada, eles fugiram para o lugarejo vizinho, de onde foram expulsos. Graças a Deus, acabaram acolhidos pela família do piedoso conde de Erbach, em Gemunden, onde Olympia, exausta e adoentada, pôde se recuperar. Nessa fase difícil, ela vivenciou tanto os males da guerra quanto o conforto divino, o que a levou a entender a onipotência de Deus diante do sofrimento. Olympia buscou respostas à questão de como o Pai castiga ou trata seus filhos por amor e passou a crer que o sofrimento a curto prazo seria compensado por um ganho maior.

O casal mudou-se para Heidelberg, onde Andreas se tornou professor de medicina na universidade. Olympia foi a primeira mulher convidada a lecionar grego e latim, mas foi impedida por causa de sua doença. Ela dizia que não conseguia se livrar da febre que muito a abatia e, em sua última carta ao amigo Celio Curione, pediu-lhe que não ficasse triste quando recebesse a notícia de sua morte, porque ela estaria em casa e lá realmente viveria. Este era seu maior desejo: estar com Cristo. Alguns meses depois, Olympia faleceu, aos 29 anos.

Após a morte da sua amada, Andreas escreveu a Curione, em profundo pesar: "Deus me aflige em todos os sentidos [...]. Ele finalmente levou embora minha querida e doce esposa". Andreas relatou que, perto da morte, Olympia sorriu e lhe disse que sonhava com um lugar "brilhando com a luz mais clara e bela [...] cheio das flores mais bonitas". Quando o marido lhe disse que ela logo viveria sob essa luz, Olympia acenou com a cabeça e expressou que se sentia totalmente feliz.[50]

Legado

> Li as Cartas de Olympia Fúlvia Morata, que lançaram uma luz totalmente nova sobre a condição real dos protestantes naquela época.[51]

Conta-se que o renomado escritor alemão Johann Wolfgang von Goethe leu as cartas e os poemas de Olympia e, com interesse, conheceu seus sonhos, decepções, esperanças, frustrações, decisões difíceis e lutas cotidianas, num dos períodos mais complicados da história europeia. Ao terminar a leitura, escreveu em seu diário a frase citada anteriormente.

Olympia dedicou um bom tempo à composição de um saltério[52] em grego e, provavelmente, seus versos foram musicados pelo marido, Andreas. Para a atualidade, talvez nada signifique, mas, para a época renascentista, a tradução em versos gregos de antigos escritos hebraicos foi considerada por seus contemporâneos sua conquista mais gloriosa.

A versão de Olympia dos Salmos se tornou uma ferramenta útil para os reformadores, que, familiarizados com a Septuaginta,[53] podiam cantá-los com os protestantes de qualquer país, unidos pela língua grega. Além de criatividade, podemos enxergar em seu trabalho diligência e coragem excepcionais. Ela escolhia as palavras de forma cuidadosa e ousada, o que revela o profundo entendimento dos clássicos e das Escrituras. Seu coração era inflamado por amor pela Palavra de Deus.

Muitos dos escritos de Olympia se perderam no cerco a Schweinfurt. Seu esposo conseguiu resgatar alguns e os enviou a Curione, na época professor da Universidade da Basileia. Ele publicou três edições de seu trabalho, e outra edição se seguiu em 1580. Suas principais obras foram: 52 cartas, dois diálogos, onze poemas e traduções de sete salmos. O epitáfio de seu túmulo, em Heidelberg, a chama de "uma mulher cuja força intelectual e cujo conhecimento de ambas as línguas [latim e grego], cuja moralidade e cujo zelo pela piedade sempre estiveram acima do comum".

A resignação de Olympia Morata na enfermidade e proximidade da morte demonstrou a firmeza de sua convicção. Durante seus últimos meses, ela escreveu muitas cartas para amigos e familiares na Itália, incentivando-os a confiar na força de Deus. Morreu jovem, mas completamente transformada: de uma menina tímida, absorvida pelos estudos e pelo desejo de agradar aos outros, em uma mulher forte no Senhor, que desenvolveu, por meio de rejeição, sofrimento, exílio, doença e todos os horrores da guerra, uma fé inabalável, uma profunda preocupação pelo próximo e um desejo irresistível pelo céu.

Mesmo pouco conhecidas, as **ESCRITORAS E APOLOGETAS DA REFORMA** cumpriram sua missão e, na instável Europa quinhentista, deixaram reflexões sobre sua identidade, seu papel social e sua religiosidade. Argula, Maria e Olympia foram mulheres singulares, talentosas e capacitadas por Deus para registrar em seus textos o que ardia em sua alma.

As três foram mulheres corajosas, que não se calaram nem cruzaram os braços diante das mais intensas oposições. Que sirvam de inspiração para divulgarmos a mensagem do evangelho de Cristo e que, em obediência ao seu mandato (Mt 26.13), também narremos as suas histórias para a memória delas.

Renata, princesa da França e duquesa de Ferrara.

NOBRES REFORMADORAS FRANCESAS

Parece que a atitude de Calvino, mais positiva do que a de Knox e mais aberta do que a de Lutero, em relação ao governo das mulheres, ocorreu por causa dessa sua experiência de amizade e abrigo que desfrutou junto às mulheres citadas [Margarida, Joana d'Albret e Renata].[1]

VOZES EXPRESSAS
NOS PALÁCIOS

O papel de patrocinadora de Renata com respeito às congregações reformadas chegou a ser tão ativo que seu pastor calvinista, Francisco de Morel, sentiu-se embaraçado e queixou-se a Calvino. Ele temia que os consistórios calvinistas viessem a ser ridicularizados por católicos e anabatistas por permitirem que mulheres governassem.[2]

MUITAS MULHERES DO PERÍODO DA REFORMA estavam preocupadas com as questões da religião cristã e, para entendê-las melhor, buscavam estudar a Bíblia. Elas também começaram a escrever sobre sua fé e, no século 16, havia mais mulheres cultas do que em qualquer outra época anterior. Entre elas estavam as personalidades relacionadas aos impressores e aos reformadores, como também as nobres — governantes ou não.

A controvérsia sobre a legitimidade do governo das mulheres foi grande. John Knox, reformador na Escócia, foi um dos maiores opositores da regência feminina, e chamou de "monstro da natureza" a mulher que governava e tinha poder sobre o homem. Ele afirmou que "[...] promover uma mulher a governar sobre qualquer reino, nação ou cidade é repugnante à natureza, é rude a Deus. É subversão à boa ordem de toda a equidade e justiça [...]. Aquela mulher que reinou sobre o homem, ela o obteve por traição e conspiração cometida contra Deus".[3]

Contudo, o reformador Calvino pensava de outra maneira, pois desfrutou da amizade de nobres mulheres francesas e reconheceu a necessidade de seu apoio na abertura de novos territórios à fé evangélica. Ao fugir da perseguição em Paris, ele encontrou abrigo junto a Margarida de Navarra. Em fins de 1535, quando viajava incógnito, com o nome de Charles de Espeville, ficou em Ferrara e tornou-se conselheiro espiritual e correspondente assíduo de Renata de Ferrara, endereçando-lhe sua última carta.

Em relação a Lutero, percebe-se que, mesmo atuando entre as sombras da Idade Média e as luzes renascentistas, defendeu o casamento, a maternidade e o governo da casa como legítimos para as mulheres, mas as elogiou por sua atuação corajosa nos meios públicos e políticos.

Entre as nobres francesas mencionadas a seguir, encontram-se: uma rainha escritora e intercessora; uma duquesa defensora da fé que protegeu reformadores e prometeu que se colocaria na primeira fila por eles; e outra rainha, que implantou a Reforma em seu reino e, para lutar a favor dos huguenotes, partiu para o campo de batalha com seu exército.

MARGARIDA DE NAVARRA

1492–1549

O MAIOR FÔLEGO DE SUA ALMA
FOI O PERFUME DA CARIDADE[4]

> Ela era muito bondosa, dócil, graciosa, caridosa, afável, muito esmoler, não desprezando a ninguém e conquistando todos os corações com suas excelentes qualidades.[5] Foi a humanidade requintada de Margarida e o perfume da caridade o "maior fôlego de sua alma".[6]

Nascida em 11 de abril de 1492, Margarida d'Angoulême, Orleães e Valois, futura rainha de Navarra, foi membro da família real francesa. Seu pai, Carlos d'Angoulême, foi educado pelo primo Luís XI, rei da França, e tornou-se um príncipe de ampla erudição e gosto refinado.

O amado irmão de Margarida, Francisco, estava na linha de sucessão do trono francês, e Luís XII, seu primo, o fez duque de Valois, nomeando preceptores para instruí-lo na arte de reinar. Quando o monarca morreu, sem deixar herdeiro homem, Francisco foi coroado o rei da França, em 1º de janeiro de 1515, aos 20 anos, como Francisco I.

NOBRES REFORMADORAS FRANCESAS

Margarida era uma menina muito inteligente, dona de um talento nato para a erudição. Estudou italiano, espanhol, latim, grego e hebraico. Também escrevia com facilidade e entendia de filosofia. O conhecimento era necessário à sua mente sedenta por saber, a tal ponto que todos percebiam essa inclinação.

A jovem era sensível e afetuosa, cheia daquela coragem amável que o seu entusiasmo feminino lhe dava. Sua natureza era ousada, o coração era bom, o espírito ansiava por Deus, e ela sempre o buscou. Margarida era também modesta e tolerante, de tal forma que conquistava todos à sua volta. Ela combinava as qualidades de caráter com virtudes cativantes. Contudo, sua maior paixão era fazer o bem e evitar o mal. Não era bonita, mas tinha belos olhos azuis e era alta e graciosa.

Margarida, princesa da França

> Ela é, acredito, a mais sensata não somente das mulheres, mas também dos homens na França. Ninguém sabe mais do que ela tanto da condução dos negócios do Estado quanto dos mistérios da religião.[7]

Quando Francisco I foi coroado, Margarida brilhou na corte. Depois de recebidos pelo rei, os embaixadores apresentavam seus respeitos a ela. O próprio irmão deixava que decidisse assuntos de importância.

A erudição teológica de Margarida era notada pelos embaixadores papais e outros diplomatas e atraía para a corte francesa poetas, filósofos, teólogos e escritores que reconheciam nela não somente uma patronesse das artes, mas também uma interlocutora com quem podiam conversar de igual para igual.

Esse período foi propício para que a jovem princesa batalhasse pela causa da Reforma. Ela tinha muita confiança em Deus, e sua maior esperança era a conversão do irmão e da mãe. Contudo, o rei Francisco I mudava rapidamente de opinião, às vezes favorecendo os reformadores e muitas vezes os perseguindo; por isso, o tempo de sossego dos protestantes na França foi pequeno.

Espiritualidade

> Ela exaltou o Senhor como o único e suficiente Salvador e intercessor. Tal como Lutero costumava fazer, ela contrastou a lei, que sonda,prova e pune, com o evangelho, que perdoa o pecador por causa de Cristo e da obra que ele completou na cruz. Ela olha para frente ávida e esperançosa por um mundo redimido e regenerado pelo evangelho de Jesus Cristo. Insiste na justificação pela fé, na impossibilidade de salvação pelas obras, na predestinação, no sentido de dependência absoluta de Deus como único recurso. Obras são obras, mas ninguém é salvo pelas obras, salvação vem pela graça e "é o dom do Deus Altíssimo".[8]

A tendência de Margarida era pensar nas coisas do alto, preocupar-se com a vontade de Deus e desprezar assuntos terrenos. Ao procurar um símbolo para expressar suas necessidades e seus sentimentos, adotou o girassol, flor que se volta para o sol, acrescentando ao emblema o texto: *Non inferiora secutus* ("Nada procuro aqui embaixo").

Ela tinha tanta noção do pecado que fazia tempestade de seus pequenos erros. Margarida desprezava as ordens religiosas, considerando-as inúteis e imorais, e achava que a Reforma estava demorando muito. Já fazia algum tempo que vinha lendo literatura de luteranos e aprovava os ataques que faziam contra a imoralidade e a cobiça dos eclesiásticos.

Margarida foi uma cristã convicta e ardente e procurou seguir o menor número de liturgias, pois seu cristianismo era o mais prático possível. Sentia desgosto com superstições e com os monges que exploravam a credulidade popular. Contudo, seu desejo, assim como o de Lutero, não era o de separação, mas de purificação da igreja.

Os professores de Margarida ajudaram-na a crescer intelectualmente, e ela foi influenciada tanto por Lutero quanto por Calvino, pois concordava com a concepção que tinham da fé e com a proclamação do poder e do amor de Deus. Calvino, com quem trocou correspondência, preocupava-se muito com ela. Margarida, por sua vez, admirava-o; mas começou a se assustar com a severidade que ele demonstrou em Genebra, pois ela almejava uma religião de amor.

Seu conselheiro espiritual foi Lefèvre d'Étaples, que traduziu o Novo Testamento para o francês. Foi ele quem lhe transmitiu as novas doutrinas e a orientou a "primeiro, obter a salvação de Deus, de acordo com Paulo, e acrescentar as obras à fé, de acordo com Tiago, pois elas são os sinais de uma vida de fé abundante".[9]

Envolvimento com a Reforma

> Lembremo-nos sempre dessa graciosa rainha de Navarra, em cujos braços nosso povo, ao fugir da prisão ou da fogueira, encontrou segurança, honra e amizade. Nossa gratidão a vós, querida Mãe de nossa Renascença! Vossa casa foi a casa de nossos santos, e vosso coração, o ninho de nossa liberdade.[10]

Talvez ninguém represente os sentimentos que inspiraram o começo do movimento da Reforma na França como Margarida, porque, além de afetuosa, era cheia de coragem e entusiasmo para difundir o evangelho.

Seu irmão, o rei Francisco I, preocupado com reinos terrestres, empreendia batalhas contra o imperador do Sacro Império Romano-Germânico Carlos V, na tentativa de conquistar ou reconquistar territórios perdidos. Por isso, atravessou a cidade de Lyon, no intuito de impedir a invasão de Provença pelos imperialistas e, enquanto ecoava o tilintar das armas, os amigos do evangelho, liderados por Margarida, estavam empenhados em lutar a favor do reino celestial, com o objetivo de ganhar almas para Cristo. Margarida, à época duquesa, ordenou que Miguel d'Arande, seu capelão, pregasse o evangelho publicamente, e ele o fez para um grande público, atraído pela Palavra e por consideração à irmã do rei.

Enquanto estava em Bourges, a capital do seu ducado, Margarida a transformou em um centro para humanistas e reformadores na França. Posteriormente, quando se tornou rainha de Navarra, em razão de seu segundo casamento, com o rei Henrique II, seu castelo em Nérac abrigou protestantes perseguidos.

Em Navarra, pregava-se na língua do povo, e a ceia do Senhor era distribuída em duas espécies: o pão e o vinho. Não havia elevação da hóstia[11] nem era permitida nenhuma celebração da Virgem e dos santos. O clérigo oficiante não era obrigado ao celibato, podia usar vestes comuns e celebrar a Ceia com um pão comum em vez da hóstia, realizando-a com pão e vinho. Depois cantava-se um salmo.

O pequeno reino de Margarida, ao sul da França, sempre foi hostil ao poder de Roma e contava com milhares de protestantes. Ela fez do território um refúgio para os perseguidos, pobres ou oprimidos. Sua corte foi um centro de benevolência e humanidade, onde eruditos, poetas, filósofos e escritores, assustados pela perseguição da Sorbonne, se abrigaram. Ao fugir da repressão em Paris, o próprio Calvino se dirigiu para Nérac, onde foi acolhido por Lefèvre. Por fim, a rainha Margarida conseguiu com Francisco I a anulação do processo contra ele.

O aumento da perseguição aos reformadores atingiu a mais forte fibra da natureza de Margarida, que era a compaixão pelos perseguidos. Com isso, ela sofreu muito, pois não podia fazer mais nada por eles.

Obras literárias

> Quando seus poemas religiosos são estudados, é descoberto que ela se estende sobre o poder infinito de Deus, a absorção mística da vida humana dentro da divina, os louvores apaixonadamente altruístas e o desprezo por todos os prazeres terrenos.[12]

A obra poética de Margarida é bem volumosa. Muitos de seus poemas foram coletados e publicados sob o título de *Les Marguerites de la Marguerite des princesses* (*As pérolas da pérola das princesas*).[13] Entre 1525 e 1531, ela escreveu vários livros importantes: *Miroir de l'âme pécheresse* (*Espelho da alma pecadora*), o primeiro a ser publicado; *Oraison à notre Seigneur Jésus-Christ* (*Oração a Nosso Senhor Jesus Cristo*), em que dirige a Cristo a tradicional invocação à Virgem Maria; a lírica *Oraison de l'âme fidèle à son Seigneur Dieu* (*Oração da alma fiel a seu Senhor Deus*), atestando que, antes da criação do homem, Deus decidiu pela eleição dos que seriam salvos e que o dom da fé é também uma decisão divina; e o *Discord étant en l'homme par la contrariété de l'esprit et de la chair* (*Luta no homem pelo conflito entre o espírito e a carne*), um comentário sobre os capítulos 7 e 8 da Epístola de Paulo aos Romanos, fundamental para a doutrina da graça e justificação pela fé.

Margarida escreveu também peças de teatro, epítetos, comédias, poemas de amor, cartas, canções espirituais e novelas. Em sua obra em prosa *L'Heptaméron* (*O Heptameron*),[14] a rainha aprimorou seu modelo de literatura. A moda em seu tempo era a leitura dos contos imorais de Boccaccio, o *Decameron*. Ela, então, resolveu elaborar os próprios contos, fazendo os personagens reagirem aos textos de Boccaccio ao longo da narrativa. As conversas e os debates presentes na obra são mais significativos que as histórias do *Decameron* em que se baseiam, porque refletem a preocupação de Margarida com a ética, além de seu interesse analítico em tópicos como amor, amizade, casamento, fidelidade e o conflito entre fé e religião.

Por causa de sua linguagem alegórica, o *Heptameron* não seria levado a sério como obra teológica, mas também não seria condenado pela Sorbonne, como o foi *Espelho da alma pecadora*. A maior denúncia do livro era a corrupção do clero: o confessor era uma ameaça real em todas as casas, e os conventos e monastérios ofereciam mais riscos que o mundo de fora. Margarida teve por objetivo expor os perigos radicais de um celibato sacerdotal e da vulgaridade introduzida nos púlpitos e nos confessionários. Os contos enfatizavam a necessidade de reformar uma igreja mundana.

Humanitarismo compassivo

> Ela gostava de caminhar quase sozinha nas ruas de Pau e de Nérac, assim o povo pobre podia aproximar-se dela mais facilmente e conversar francamente com ela. Vendo-a, ninguém podia pensar que era uma rainha, pois andava como uma simples dama. "Ninguém", ela dizia, "pode sair triste ou desapontado da presença de um príncipe, pois reis são ministros dos pobres, não seus senhores; e os pobres são membros do corpo de Deus". Ela gostaria de ser a serva de todos que serviam o corpo, e a Primeira-Ministra dos Pobres foi o título que deu a si mesma.[15]

Margarida personificava a beneficência. Sua disposição hospitaleira e sua caridade maternal tornaram-na o refúgio dos reformadores feridos e dos necessitados. Ela tinha por hábito dividir seus bens com os pobres e conversar com eles sobre o amor de Deus. A rainha Margarida convidava estranhos para jantar no palácio e oferecia alimentos da própria mesa. A maior parte de sua renda era destinada a doações e enviou grandes somas para os refugiados luteranos na Suíça e na Alemanha. O rei de Navarra a consultava em relação a todos os seus planos para o bem-estar do povo e, durante a ausência dele, toda a administração do reino ficava a seu cargo.

Assim viveu Margarida, preocupada com os pobres, os órfãos, os idosos e os doentes. Ela vivia a prática do cristianismo e merece ter seu nome ressaltado na história da Reforma como exemplo de cristã, pois sua fé era acompanhada de boas obras. Tanto ela fez que o tributo mais glorioso para a sua memória foram as lágrimas derramadas sobre sua tumba por seus súditos pobres.

Morte de Margarida de Navarra

> Senhor, quando virá o dia tão desejado
> Em que por amor a vós serei atraída?
> Esse dia de núpcias demora tanto,
> que nenhum bem, nem honra me contenta.
> Enxugai os tristes olhos, encerrai o longo
> sofrer e concedei-me, de boa vontade, um
> doce morrer.[16]

Os últimos dois anos da vida de Margarida foram anuviados de tristeza pela morte de seu irmão, em 1547, e pela indiferença do marido e da filha.[17] Em seus últimos dias, quando sua fraqueza aumentou e os médicos disseram que o fim estava próximo, ela se angustiou, achando que poderia viver mais. Seus servos a lembraram das glórias dos santos no Paraíso, ao que respondeu: "Tudo isso é verdade, mas nós ficamos tanto tempo aqui na terra antes de nossa chegada lá".[18]

Isso retrata nossa própria realidade e confirma a humanidade de Margarida. Mesmo ansiando pelos céus, como declarou em seu poema, não tinha forças suficientes para deixar a terra sem relutar. Contudo, Margarida afirmou, antes de morrer: "Estou certa de que Deus levará avante a obra que me permitiu iniciar, e o meu posto será mais do que bem preenchido por minha filha, que tem a energia e a ousadia moral que, temo eu, têm sido insuficientes em mim".[19]

Margarida morreu em 21 de dezembro de 1549, com 57 anos. Nos seus últimos momentos de vida, pegou uma cruz que estava sobre sua cama e gritou: "Jesus, Jesus, Jesus!".[20] A rainha foi enterrada na Catedral de Lescar e seu funeral ficou lotado de pobres de todos os estados de Béarn.[21] Eruditos e poetas compuseram epitáfios, declarando pesar por sua morte.

Margarida pôde escrever e publicar seus contos e poemas por causa do favor do rei, seu irmão, e porque ela própria foi uma governante. Seu papel de destaque na política deu-lhe a oportunidade de estudar e liberdade para pôr em prática a mensagem bíblica. Contudo, apesar de seus privilégios, foi corajosa quando não se calou e agiu em benefício da Reforma, e foi compassiva e amorosa ao abrigar reformadores perseguidos.

Margarida pôs a compaixão acima da convicção, e o amor, da fé. Ela foi um dos espíritos menos dogmáticos da época, e reuniu o fervor pela erudição e a reverência pelo saber com o amor pelo evangelho de Cristo. Foram, no entanto, a benevolência, a doçura, a simplicidade e a "religião de amor" que fizeram a diferença naquele período conturbado.

RENATA,
PRINCESA DA FRANÇA E DUQUESA DE FERRARA

1510–1574

ELA ESTARIA NA LINHA DE FRENTE SE ATACADA PELOS INIMIGOS DA REFORMA[22]

> [...] Considere bem o que você está fazendo, pois homem algum no reino tem o direito de mandar em mim, senão o rei! E, se você avançar, eu me colocarei na linha de frente para ser a primeira a ser ferida [...] pois eu quero ver se você terá a audácia de matar a filha de um rei, cuja morte tanto o céu como a terra exigiriam vingança, atingindo você e a sua semente, e até os filhos dos seus descendentes.[23]

Filha do rei Luís XII e de Ana, duquesa da Bretanha, Renata ficou órfã muito nova. Sua mãe morreu quando ela tinha apenas 3 anos e seu pai, quando tinha 5 anos. Foi educada por Margarida d'Angoulême, futura rainha de Navarra, e por sua governanta, Madame de Soubise, ambas devotadas à Reforma. Sua irmã Cláudia casou-se com Francisco I, e, assim, Renata tornou-se cunhada do rei.

Renata ficou noiva do futuro imperador Carlos V e foi pedida em casamento por Henrique VIII, da Inglaterra. Mas foi com Ércole II d'Este, duque de Ferrara e filho de Lucrécia Borgia,[24] que ela se casou, em 1528. A corte do casal foi considerada uma das mais brilhantes da Renascença. A princesa partiu para a Itália com 18 anos a fim de se casar com o duque, uma união movida por interesses políticos — o duque receberia como dote territórios franceses. Ressentida com esse enlace de conveniência e considerando sua ida para aquele país um exílio, ela chegou a Ferrara com uma grande escolta de criados e cortesãos franceses.

Quando seu cunhado Francisco I começou a perseguir os protestantes, Renata os acolheu e protegeu com todas as forças. Ao se referir às leis sálicas, que excluíam as mulheres de ascender ao trono da França, Renata costumava dizer que, se Deus lhe tivesse dado uma barba, os franceses seriam seus súditos.

Envolvimento com a Reforma e confinamento

> O seu esposo permitiu que a Inquisição enchesse seus calabouços de prisioneiros, mas ele não pôde impedir sua esposa de visitá-los em suas aflições e sofrimentos. Ao final todos os reformados foram expulsos dali.[25]

A duquesa, que abraçara a fé protestante e fora discípula do tradutor da Bíblia em francês, Lefèvre d'Étaples, teve liberdade para nomear reformados como tutores de seus filhos e mestres na Universidade de Ferrara. Sua linhagem real também lhe permitia protegê-los e hospedá-los no palácio. Entre eles esteve o próprio Calvino, que foi seu mentor espiritual e correspondente fiel por quase trinta anos — sua última carta foi endereçada a ela.

Era, porém, intolerável, no clima inquisitorial que prevalecia às vésperas do Concílio de Trento, a existência de uma protetora de conhecidos reformadores numa corte como a de Ferrara. Seu esposo, portanto, temendo a intervenção do papa, expulsou os protestantes e convocou o Tribunal da Inquisição. Contudo, enquanto ele enchia os calabouços com os reformados presos, Renata os visitava e consolava. Seu compromisso com a Reforma foi tal que chamou a atenção dos inquisidores.

As desavenças com Ércole tornaram-se, portanto, mais do que simples diferença de interesses, pois a crença protestante de Renata era incompatível com as tentativas dele de preservar as graças e os favores do papa. A duquesa, sentindo-se acuada, chegou a apelar para o próprio papa Paulo III, a fim de que seu caso ficasse sob a jurisdição de Roma, em vez dos auspícios da Inquisição local. Seu esposo não se importara em rejeitar o inquisidor local, mas hesitou em desafiar Roma quando a Santa Sé se tornou mais intolerante, mesmo reconhecendo que a esposa estava sendo tratada como uma herética comum.

Na esperança de que o rei francês Henrique II, sobrinho de Renata, poderia persuadi-la a retornar à fé católica, o duque lhe escreveu:

À sua mais sagrada majestade cristã, Senhor: Minha esposa me veio da França há 25 anos e ela viveu de uma maneira cristã como alguém de sangue real. Mas ultimamente, *seduzida por alguns patifes luteranos*, ela se recusou a ir à confissão e à missa, e, quando

um de seus servos morreu, ela lhe recusou a extrema-
-unção. *Disse que ele estava bem com Deus e não precisava de nenhuma outra confissão.* Vendo sua obstinação,
implorei-lhe por Deus e pela infâmia que ela estava
trazendo sobre minha casa, roguei-lhe mil vezes que
abandonasse suas fantasias heréticas e seguisse a religião de seus abençoados pai e mãe, e de sua irmã, sua
mãe. Tentei encobrir sua delinquência para a honra
da França e da minha casa. Nem mesmo no Natal ela
foi à missa, e educou nossas duas filhas, uma de 18
anos e a outra de 16 anos, na falsa religião. Eu temo
que isso dificulte o casamento delas com príncipes
cristãos, porque o boato da heresia de sua mãe está se
espalhando por toda a Itália. Ela me disse que a missa
é idolatria e usou outras palavras que me envergonho
de citar. Contra sua ardente arrogância, tive de exercer a paciência de Jó. Enviei meu capelão para rezar a
missa para minhas filhas, mas não lhe permitiram. Eu
imploro, senhor, que tenha pena de minha situação e
envie um bom teólogo católico que traga a duquesa de
volta de sua enorme heresia. (Março de 1554)[26]

Henrique II, então, enviou um dos mais incansáveis e
implacáveis inquisidores da França, Matthew Ory, com a
missão principal de submeter a princesa desertora. Muito
angustiado por sua situação, Calvino lhe enviou sem
demora o ministro Francisco Morel, para ficar ao seu lado
e fortalecê-la.

Assim, Renata foi privada dos filhos, ameaçada com a
perda das suas terras, mantida sob prisão domiciliar e pres-
sionada além do que podia suportar, até que convocou o
inquisidor e anunciou que estava pronta a assistir à missa.

Essa "conversão" à ortodoxia católica foi certamente uma acomodação temporária à situação que a oprimia. Não há evidências de uma condenação formal contra ela, possivelmente porque invocou a bula de Paulo III que manteve seu caso sob jurisdição de Roma. Por fim, Renata foi liberada, mas fez questão de dizer ao marido que ele poderia obrigar seu corpo, nas não seu espírito.

Desanimado com sua aparente deserção, Calvino rogou que Deus fosse misericordioso com ela e que Cristo superasse a "ímpia sinagoga do Anticristo". Para Renata, ele escreveu com mais gentileza, dizendo que não sabia de sua atual situação, mas que o silêncio por parte daqueles que a perseguiam ultimamente era agourento e que ela deveria ter coragem e se lembrar da dívida que tinha com seu Redentor. Cerca de três anos depois, Calvino lhe implorou que seguisse os ensinos de Cristo e recordasse a palavra do Senhor a Pedro de que ele seria levado para onde não queria ir.

Hotel do Senhor

> O comprometimento de Renée [Renata] com os reformados acabou tornando sua permanência em Paris insegura, de modo que ela teve de se retirar para seu antigo castelo em Montargis, que se transformou em um asilo para os huguenotes perseguidos, de modo que eles o chamaram de "Hotel Dieu" ou "Hotel do Senhor". Ela abrigou centenas ali e diz-se que, certa vez, cerca de trezentos huguenotes se assentaram à sua mesa.[27]

NOBRES REFORMADORAS FRANCESAS

Quando o marido de Renata morreu, seu filho Afonso II deu-lhe a opção de se tornar verdadeiramente católica ou partir da Itália. Ela escolheu a última. Tanto o novo papa quanto Calvino a advertiram a não ir para a França. O reformador lhe pediu que não se sentisse constrangida e que ansiava conversar pessoalmente com Renata. Também a aconselhou a não se deixar levar pelas grandezas do mundo.

Calvino estava certo em avisá-la, pois em menos de dois anos as guerras religiosas explodiram na França. Contudo, segundo seu coração e fé, Renata não via alternativa a não ser retornar à sua terra natal, onde poderia apoiar os protestantes. Sua decisão de estar na França, naquele trágico tempo, provou-se sábia e muito útil para a causa da Reforma, pois ela transformou seu palácio em Montargis em um refúgio para centenas de huguenotes perseguidos.

Por causa disso, a rainha da França Catarina de Médicis a ameaçou, ao que Renata respondeu que ajudar os refugiados era legítimo, porque eles eram pobres, independentemente da sua religião. Ela procurava manter-se imparcial, oferecendo assistência inclusive aos monges. Foi seu genro, o duque de Guise, que perpetrou o massacre de Vassy, o qual desencadeou guerras religiosas. O Édito de Saint-Germain, de janeiro de 1562, concedera aos huguenotes liberdade de culto em áreas restritas. O duque descobriu, porém, uma congregação que cultuava em um celeiro em Vassy, fora dos limites prescritos, e matou todos os presentes.

O pequeno principado de Montargis incluía Chartres, território que fora doado a Renata por Francisco I. Ali, ela iniciou sua evangelização, a qual se tornou impossível em razão do édito. Em seu reino havia católicos e huguenotes, mas ela não expulsou nenhum adepto do romanismo. Seu papel foi de cuidar das vítimas das três guerras que ocorreram entre 1562 e 1572, especialmente dos protestantes.

A violência crescente das guerras causou-lhe intensa angústia e alcançou também Montargis. Os huguenotes fizeram um culto na catedral católica, do qual Renata participou. Diante dos protestos dos católicos, ela proibiu as celebrações naquele local. Contudo, alguns soldados entraram na catedral com lanças e arcabuzes e, quando os huguenotes chegaram para o culto, um lado gritava suas rezas, e outro, seus sermões.

Durante o longo período de resistência, ministros de Genebra proviam o cuidado espiritual, sob a supervisão de Francisco Morel, que Calvino havia enviado a Ferrara e agora era o supervisor em Montargis. Ele estava tão apreensivo com o fato de uma mulher se envolver em questões eclesiásticas que escreveu a Calvino afirmando que os papistas e os anabatistas zombariam deles se os vissem liderados por mulheres.

Renata foi útil como apoiadora do partido protestante nas guerras religiosas, hospedeira dos reformadores e auxiliadora financeira, mas sua influência não era desejada nas questões da igreja huguenote. A duquesa escreveu sobre o assunto para Calvino e afirmou que se esforçara por ajudar Morel, o qual a princípio a convidara para participar do consistório de presbíteros que ele escolhera; no entanto, depois ele lhe disse que as mulheres não deveriam comparecer e, por essa razão, ela não insistiu em fazer parte.

Diante das diversas hostilidades, Renata resistia às vezes em silenciosa obstrução, às vezes em desafio aberto. Quando seu genro, o duque de Guise, líder do partido católico, enviou um comandante para "limpar o ninho de hereges", e oito companhias de infantaria se aproximaram, ela mandou dizer-lhe que somente o rei poderia dar-lhe ordens e que ele não deveria se atrever a atacar o palácio. A estratégia deu certo e o comandante cancelou a investida.

Com o tempo, o duque de Guise morreu, mas ela não pôde resistir indefinidamente. Chegou o dia em que sua pequena guarnição foi derrotada e Renata teve de despedir 460 refugiados, fornecendo-lhes 150 carruagens, oito coches, muitos cavalos e mantimentos.

Persistência no evangelho e morte de Renata

> A sua correspondência com Calvino foi considerável. O Papa a visitou em 1543 e deu a ela um valioso diamante e joias, mas não pôde suborná-la para aceitar o Romanismo. A Inquisição, no entanto, a cercou de espiões e, gradualmente, a pequena congregação de Ferrara foi definhando, até que, em 1550, a luz da fé reformada havia se extinguido ali.[28]

A duquesa passou uma semana na corte francesa e desfrutou da companhia do líder huguenote Coligny e sua esposa. Renata pediu a ele conselhos sobre como reprimir os vícios e os escândalos entre os religiosos reformados, pois, como ela informara a Calvino, quase todos os seus funcionários necessitavam de repreensão e, infelizmente, alguns deles eram os próprios assistentes dela.

Como outras mulheres que aderiram à Reforma, Renata tinha dificuldades em entender que mesmo líderes do movimento não seguiam plenamente o evangelho de

Cristo, e ainda instituíam uma norma mais dura de odiar e destruir os inimigos. Ela escreveu a Calvino: "Senhor Calvino, estou angustiada por não saberes como se comporta metade deste reino. Eles até exortam mulheres simples a matar e estrangular. Essa não é a regra de Cristo".[29]

Quando Calvino morreu, ela lamentou profundamente por ele. Tão grande era a consideração dele por Renata que lhe escreveu de seu leito de morte. E ela sempre acalentou a memória dele com grande veneração.

Renata estava em Paris nos dias que antecederam o massacre da noite de São Bartolomeu,[30] e conseguiu resgatar alguns protestantes. Ela permaneceu em Montargis até sua morte, aos 65 anos. Em sua lápide estão esculpidos os lírios da França e um arminho de pelagem branca, sem mancha, símbolo de pureza de caráter e da cor de suas vestes, que agora estão "lavadas e purificadas no sangue do Cordeiro".

JOANA IV DE NAVARRA

1528–1572

LEAL À SUA CONSCIÊNCIA, AO SEU POVO E AO SEU DEUS[31]

> A reforma parece tão verdadeira e necessária que, da minha parte, considero que seria deslealdade e covardia para com Deus, minha consciência e meu povo permanecer mais tempo indecisa.[32]

A obediência à voz da consciência, unida ao poder temporal, permitiu a algumas mulheres extraordinárias tornarem-se verdadeiras amazonas da revolução protestante. Uma delas, talvez a mais notável, foi Joana d'Albret, que governou o pequeno reino de Navarra como herdeira de Henrique d'Albret e Margarida de Navarra. Além de estabelecer o calvinismo no seu reino, participou de manobras políticas e militares, pois jamais consentiria no massacre a sangue frio dos irmãos na fé.

Considerada a mulher huguenote mais importante do século 16, em seus últimos dez anos de vida, já viúva, fundou uma igreja reformada em Béarn, província de Navarra, e foi a chefe política dos huguenotes na 3ª Guerra Religiosa

(1568-1570). Ela negociou o tratado de paz de Saint--Germain, que deveria pôr um fim aos conflitos religiosos, sempre tentando proteger os reformados e lhes dar um lugar seguro na sociedade.

Joana foi criada na França, longe do pai e da mãe, porque seu tio, o rei Francisco I, queria manter controle sobre ela. Cercada de influências da igreja romana, não pôde se declarar protestante enquanto esteve sob domínio real. Com apenas 12 anos, foi prometida em casamento pelo rei a um príncipe alemão, o duque de Cleves, com o propósito de contrariar os planos de Carlos V, que desejava a mão de sua sobrinha para o filho dele, Filipe. Joana reagiu fortemente, declarando que jamais se casaria com um alemão rude e velho, o que provocou espanto em todos. Contudo, não conseguiu escapar do casamento, ao qual foi levada carregada. Sua única consolação era que só partiria para a Alemanha três anos depois. A jovem, porém, ficou muito feliz quando o rei, com suas oscilações políticas, anulou posteriormente a união. Seu segundo casamento, aos 20 anos, com um militar notável, Antônio de Bourbon, o duque de Vendôme, foi do seu agrado, porque ele era belo, amável e corajoso.

Simpatizante da Reforma, Joana, que continuava vivendo na corte francesa, fazia questão de realizar cultos em seus aposentos, com as portas abertas. Já seu marido mudava de crença conforme seus interesses políticos e, quando ele se declarou católico, ela partiu para Navarra.

Tão logo ficou órfã de pai, seu primo, o rei Henrique II, quis se apropriar de seu pequeno reino de Navarra. Foi quando, pela primeira vez, ela demonstrou vigilância e habilidade como estadista, ao organizar tropas e se preparar para a guerra, que, felizmente, não aconteceu, pois o rei morreu e suas terras ficaram livres do perigo.

Em 5 de dezembro de 1560, Joana fez uma profissão aberta de fé reformada em Pau, a capital do reino.

Envolvimento com a Reforma

> Sigo [Teodoro] Beza, sigo Calvino e outros apenas na medida em que eles seguem as Escrituras Sagradas [...].[33]

> [A Catarina de Médicis] Madame, se eu tivesse, neste momento, o meu filho e todos os reinos do mundo sob o meu domínio, eu preferiria arremessá-los todos ao fundo do mar do que fazer perecer a salvação de minha alma.[34]

O calvinismo se espalhava pela França, e os reformadores afirmavam não divulgar um novo evangelho, mas um retorno à boa-nova dos apóstolos. Eles desafiavam o povo a abrir a Bíblia e estudá-la.

Quando Joana se converteu, Calvino, que dizia que ela lhe dava mais motivos para elogios que para exortações, escreveu-lhe: "A menos que nos apliquemos diariamente às Sagradas Escrituras, a verdade que um dia conhecemos se esvairá pouco a pouco, até ter acabado, exceto se Deus vier em nosso auxílio. Em sua infinita sabedoria, ele achou conveniente protegê-la de descer por tal caminho".[35]

Joana nunca olhou para trás, e permaneceu sempre firme na fé. A Contrarreforma a considerou uma inimiga, e Catarina de Médicis,[36] sua amarga adversária, conspirou contra ela, arquitetando um plano para separá-la do marido, reconquistá-lo para a fé romana e, assim, conseguir o reino de Navarra para a França. Com a morte de Henrique II, Catarina tornou-se regente, em razão da minoridade de seu filho, o futuro Carlos IX. Com isso, ela nomeou o marido de Joana como tenente-general do reino, para que ele permanecesse na corte, tornando seu plano mais fácil de ser executado. De fato, ele logo retornou à fé católica. E quando, posteriormente, Joana visitou Paris, ele a tratou com desprezo e tentou forçá-la a ir à missa, sem sucesso.

Participação na guerra religiosa

> Soldados, eu vos ofereço tudo que está em meu poder e ao meu alcance — meus domínios, meus tesouros, minha vida e aquilo que me é mais precioso do que tudo, o meu filho. Eu faço aqui um solene juramento diante de todos vós: eu juro defender, até o meu último suspiro, esta santa causa que agora nos une, a causa da honra e da verdade.[37]

Assim como sua mãe, Joana também correu risco de vida, pois seus inimigos desejavam jogá-la no rio Sena. Vendo-se em perigo, ela pediu permissão para partir da França. A autorização lhe foi dada, mas não consentiram que levasse seu filho Henrique,[38] e a separação foi de partir o coração. Ela tremia ao deixá-lo, e o fez prometer nunca mais ir à missa, com o que ele concordou, em lágrimas.

Joana, então, foi seguida por tropas que tinham ordens de matá-la. Ela conduziu o grupo por uma estrada cheia de inimigos, mas sempre recebendo reforços do povo. O duque reformado Condé guardou a cidade de Vendôme, onde ela passaria a noite, e evitou que seus adversários a ferissem.

No dia seguinte, os inimigos se aproximaram muito dela. Por essa razão, Joana enviou mensageiros para trazer soldados em seu auxílio. Quando estavam quase capturando-a, o socorro chegou, e oitocentos bravos soldados de Navarra conduziram seu grupo em segurança. Esse foi somente o primeiro de muitos perigos que enfrentou, porém sempre teve coragem suficiente, habilidade militar e destreza para encarar os inimigos.

O marido de Joana a ameaçou por introduzir o protestantismo em sua terra, mas ela não lhe deu ouvidos. Pouco depois, durante a primeira guerra religiosa, ele foi ferido mortalmente em combate. Conta-se que o rosto de sua esposa injustiçada parecia surgir diante dele enquanto se enchia de remorso. Diz-se que ele professou a fé reformada antes de morrer e jurou que, se tivesse permissão para viver, a estabeleceria em toda a França.

Com a morte do marido, Joana adquiriu um poder maior e passou a exercer o controle exclusivo do reino de Navarra. Ela aboliu o catolicismo do território, o que desagradou o rei da Espanha Filipe II, que exigiu que ela renunciasse à sua política religiosa, pois não toleraria o calvinismo tão perto de seus súditos.

Quando Joana declarou que não abandonaria a fé, Filipe II, irritado, tramou uma rebelião em Navarra, para que pudesse capturá-la. Porém, sua esposa avisou Joana da armadilha e ela escapou do ardil real.

O papa Pio IV também mandou um embaixador com ameaças e ordens para que Joana restabelecesse a igreja, lançasse fora as heresias e retornasse ao "verdadeiro aprisco", mas ela não o recebeu, respondendo que a autoridade papal não era reconhecida em Béarn. Em represália, o pontífice emitiu uma bula contra a rainha de Navarra, mas, com rara diplomacia, ela tomou como intercessora Catarina de Médicis, que tinha interesse no casamento de sua filha Margarida de Valois e o filho de Joana, Henrique, e Pio IV revogou o decreto.

Seu filho, Henrique, criado na fé reformada, foi seu companheiro na defesa dos interesses huguenotes. Joana conseguira resgatá-lo da corte francesa quando ele estava com 13 anos. Ela o visitou e obteve permissão para que a acompanhasse até Vendôme, de onde fugiram a galope para Navarra.

Apesar de seu reino não fazer parte da França nem tomar partido nas guerras religiosas que lá ocorriam, Joana sentiu-se no dever de defender os huguenotes franceses. Com esse intuito, empreendeu uma viagem com o filho até o centro protestante em Rochelle, onde foi nomeada governadora. Ela, então, trocou correspondência com príncipes estrangeiros e suplicou à rainha Elizabeth da Inglaterra que se aliasse aos huguenotes. A rainha ajudou Rochelle enviando uma frota inglesa. A guerra foi terrível, mas a brava huguenote superou todos os infortúnios e preocupações.

Aproveitando-se da ausência de Joana, o rei da Espanha e o da França uniram-se para tomar seu reino. Surpreendentemente, ela conseguiu salvá-lo, vencendo os exércitos dos dois grandes monarcas.

A morte em batalha do venerado militar huguenote Condé deixou todos sem ação. O general Gaspar de Coligny apelou para Joana, a quem solicitou a ida imediata ao campo de batalha a fim de motivar os soldados. Ela, então, atendeu ao pedido, e lhes falou e os inspirou. Quando terminou seu discurso, todo o exército saudou o jovem príncipe Henrique como seu novo líder.

A guerra prosseguiu, até que Joana obteve a assinatura do tratado de paz de Saint-Germain, em 5 de agosto de 1570, que deveria pôr fim à terceira guerra entre católicos e huguenotes. O documento, assinado por Carlos IX e pelo general Gaspar de Coligny, concedia aos protestantes quatro cidades importantes para eles e empregos públicos, além de firmar o casamento entre Henrique de Béarn e Margarida de Valois. A paz, porém, logo acabou, pois, dois anos depois, aconteceu o Massacre da Noite de São Bartolomeu, instigado por Catarina de Médicis.

O filho Henrique IV, rei da França

> Henrique IV! Não há nenhum rei da França que tenha deixado na consciência nacional uma recordação mais amigável e indulgente.[39]

Com a justificativa de unir protestantes e católicos, a rainha Catarina de Médicis sugeriu o casamento entre sua filha e Henrique. Contudo, a rainha de Navarra, temendo que o jovem abandonasse sua fé, alertou que Margarida era bela e graciosa, mas havia sido criada em uma corte dissoluta e era católica. Bem aflita, Joana argumentou ainda que o objetivo principal de Catarina era separar o filho dela e de Deus, e suplicou que ele orasse para entender a vontade divina.

Parece que a rainha de Navarra estava pressentindo os trágicos acontecimentos que se seguiriam. A história relata o terrível Massacre da Noite de São Bartolomeu, na semana do casamento de Henrique e Margarida, do qual Joana foi poupada porque morreu pouco antes.

Depois de sua conversão forçada ao catolicismo, Henrique assistiu ao suplício de protestantes e foi retido na corte. Com isso, viveu por quatro anos numa prisão dourada. Após a morte do seu cunhado Carlos IX, ele conseguiu evadir-se, renegar sua abjuração e reassumir a posição de chefe político e militar do partido huguenote.

Após muitos anos de guerra religiosa, Henrique de Navarra reconciliou-se politicamente com seu cunhado Henrique III — irmão de Margarida —, que o reconheceu como seu herdeiro ao trono francês. Com o assassinato do monarca, o filho de Joana d'Albret se tornou o rei Henrique IV da França, um pacificador cujo reinado foi considerado um dos melhores da história daquele país.

Henrique ficou conhecido como o monarca que se converteu ao catolicismo para ganhar o trono. A ele é, apocrifamente, atribuída a frase: "Paris bem vale uma missa".[40] Realmente, ele se ajustou a uma conversão, mas, após se tornar rei, promulgou, em 1598, o Édito de Nantes, que marcou uma das datas mais importantes na história do mundo — enquanto outros governos ainda impunham uma fé única, a França adotava a liberdade religiosa.

A sábia gestão de Henrique IV e a seleção de administradores capazes deixaram como legado um governo centralizado e forte, estabilidade e prosperidade econômica, o que lhe rendeu a reputação de melhor e mais amado monarca da França. Por entender que o propósito de vida de um rei era servir à pátria, recebeu a designação de "Bom rei Henrique".

A influência da mãe e, quem sabe, a genética herdada da avó fizeram de Henrique um rei bondoso, que foi estimado por seu povo e deixou boa memória na história da nação. Ele entendia que a brandura e a clemência eram as principais virtudes de um governante.

Legado e morte de Joana

> Naquele tempo não houve mulher mais aguerrida que ela, enfrentando guerras para defender não apenas o reino de Navarra, mas um local onde a Bíblia podia ser lida por qualquer cidadão e pregada em francês, bearnês, basco e demais línguas faladas em seus territórios [...]. Além disso, seu legado a colocou em um lugar único na história.[41]

Joana chamou para seu país os homens mais sábios da Reforma. Teodoro Beza enviou mais de doze ministros para lá pregar o evangelho. Suas ações efetivas foram: o confisco dos bens da igreja romana e sua distribuição aos pobres; a abolição das procissões públicas; a retirada das imagens; a supressão da missa e a tradução para a língua basca[42] do Novo Testamento, a sua própria custa.

A rainha de Navarra também publicou o Catecismo de Calvino no dialeto bearnês, para que o povo pudesse lê-lo, pois a maioria não falava francês. Ela fundou a Academia Protestante de Orthez, para o preparo dos vocacionados, e ordenou a publicação de um livro de referências para as lideranças cristãs em Navarra, o *Novas ordenanças eclesiásticas*.

Seu feito mais notável e permanente, contudo, foi a fundação de uma faculdade em La Rochelle, considerada a capital da França huguenote, para ser um seminário teológico com ênfase na piedade e um centro de formação ao ministério sagrado.

Joana provavelmente sofria de tuberculose e sua saúde estava debilitada havia um ano, quando seu quadro se agravou e ela ficou acamada. Permaneceu por quatro dias deitada, com uma dor cada vez maior. Seus ministros a atendiam orando e lendo, a seu pedido, Salmos 31 e João 14-18, exortando-a e trazendo à sua memória a misericórdia de Deus.

A fé de Joana persistiu até o fim. Antes de morrer, ela declarou: "Eu nunca temi a morte e não me atrevo a murmurar contra a vontade de Deus, mas lamento profundamente deixar meu filho exposto a tantos perigos. No entanto, ainda assim, eu confio tudo isso a ele".[43] Tendo lutado toda a sua vida, ela não teve mais forças e faleceu em 9 de junho de 1572, aos 44 anos, firme na fé, com sua Bíblia ao lado e confiante nas promessas divinas.

Joana foi considerada uma das personagens femininas mais brilhantes e fortes da História. Ela sempre desfraldou suas bandeiras em nome de Deus e da igreja. Esteve na linha de frente, entre os líderes militares. Quando seus generais foram mortos, capturados ou feridos, ela reuniu suas tropas, inspirou-as com coragem e guiou-as à vitória.

Ao ler sobre as **NOBRES PROTESTANTES**, pode-se supor que tudo o que realizaram foi em razão do poder de que desfrutavam como governantes. Contudo, há de se pensar na fidelidade que demonstraram à causa da Reforma e aos reformadores. Realmente, elas tiveram prestígio para agir, mas o fizeram impulsionadas por amor e fé.

Outras mulheres detinham até mais autoridade do que as nobres reformadoras, porém faltava-lhes a fé, o amor ao próximo, a compaixão e a empatia pelos perseguidos. Com isso, reprimiam aqueles que ousavam pensar de maneira diferente ou se opunham à religião institucionalizada.

Portanto, as nobres protestantes nos inspiram não por serem governantes, rainhas e duquesas, mas, sim, por serem cristãs. Elas deram exemplo de misericórdia para com os que sofriam perseguição, de firmeza na fé e de compromisso com a doutrina evangélica da Reforma.

Lutero e sua família.[1]

ESPOSAS DE REFORMADORES

Quando as mulheres falam do lar, o fazem com graça, encanto e eloquência, perto delas Cícero seria colegial; e tudo quanto não podem obter com a eloquência, obtêm pelas lágrimas. Eis seu domínio e aí nós somos apenas garotos, mas, quando querem discorrer sobre o que não diz respeito à vida doméstica, só dizem besteiras.[2]

VOZES EXPRESSAS NA VIDA COTIDIANA

Ser *hausfrau* (dona de casa) tinha significado diferente daquele que conhecemos hoje. Dona de casa significava ser a administradora de todos os bens da família (casa, terras, animais), inclusive da produção intelectual do marido, pois era ela [Catarina] quem negociava com os editores dos escritos de Lutero e controlava o orçamento familiar.[3]

A IGREJA PROTESTANTE NÃO considerava o casamento uma cerimônia religiosa sagrada, pois conservava somente dois sacramentos: batismo e eucaristia. Contudo, poucas pessoas influenciariam tanto a instituição do casamento quanto Lutero, que o recomendou a todos, pastores e leigos. Ele próprio deu o exemplo ao se casar com a ex-freira Catarina von Bora.

Ser esposa de pastor, no início da Reforma, significava assumir um novo papel na sociedade e, com ele, algumas dificuldades iniciais relacionadas àquele período conturbado. Para as ex-freiras, que formaram a maioria das esposas de reformadores, não era mais o convento seu lugar de espiritualidade, mas o matrimônio, o ser esposa e o ser mãe.

Esse novo papel trouxe consequências históricas para a vida das mulheres daquela época, às quais era pregada a submissão feminina à luz da Palavra de Deus. Tornou-se possível às esposas de pastores uma vida espiritual rica, que contestava o que pregava a velha igreja, segundo a qual a carne era um impedimento para o espírito. Juntos, marido e mulher podiam ler as Escrituras, desprezando a ordem sacerdotal católica romana.

Contudo, nem todas as mulheres escolheram a Reforma para ter um marido; algumas o fizeram buscando uma nova esfera de atuação e deslumbradas com o sacerdócio universal de todos os crentes.

Segundo o reformador Martin Bucer, muitos ministros não se casavam por necessidade sexual, pois eram capazes de viver em continência. Mas os que não eram dotados dessa capacidade tinham o dever de tornar respeitável o casamento do clero, e não o podiam fazer sem parceiras.

Os reformadores valorizavam as mulheres como esposas e "donas de casa", e elas foram importantes nesse trabalho árduo e relevante, pois recebiam pessoas vítimas da guerra, da fome e da peste, crianças órfãs e perseguidos por causa da religião. Suas casas paroquiais foram consideradas lugar de acolhida, estalagem, hospedaria e pensão.

As donas de casa protestantes também podiam orar, ler, jardinar, cuidar dos enfermos, abrigar viajantes e promover uma atmosfera intelectual melhor do que monges e freiras fizeram durante séculos. Elas mostraram como o monasticismo era desnecessário.

Contudo, os reformadores não mudaram o entendimento cristão de que o papel da mulher era o de submissão. Lutero disse a Catarina:

> Arroga-te toda autoridade no lar, mas que meu direito aí permaneça intacto. *O domínio da mulher jamais produziu alguma coisa de bom.* Deus fizera Adão mestre e senhor na terra e tudo aí era perfeito, quando *a mulher surgiu para tudo transtornar*; também não penses em me submeter à tua lei (*Les propos de table*,[4] 1046). Não disse São Paulo: "Não permitas que a mulher te governe"? (*Les propos de table*, 1129).[5]

VOZES EXPRESSAS NA VIDA COTIDIANA

Lutero sempre aludia à submissão que a mulher devia prestar ao homem e à autoridade que ele precisava manter em seu lar. O reformador afirmava que ao homem nunca deveria faltar o respeito, plenamente devido por ser a imagem e a honra de Deus.

Em carta a um amigo, Lutero fez uma comparação jocosa da mulher com um burro: "Quando notardes que o burro, por estar exageradamente alimentado, fica muito à vontade — quero dizer que a mulher, por vossa indulgente condescendência, se torna caprichosa, obstinada —, pensai que devemos obediência a Deus mais do que à mulher".[6]

Calvino também via forte orientação bíblica para o papel subordinado da mulher na vida pública da igreja e da sociedade. Contudo, sustentava em princípio que a ordem na qual as mulheres são subordinadas é determinada pela lei humana, eclesiástica e política.

As esposas de reformadores que mencionaremos nesta obra são: Catarina Zell, a mulher do pastor luterano Mateus Zell, admirável colaboradora no trabalho intelectual e pastoral dele; Catarina von Bora, a esposa de Lutero, considerada a primeira-dama da Reforma, que foi uma excelente administradora de seu lar; e Idelette de Bure, a desconhecida companheira de Calvino, de temperamento tímido, mas uma mulher de oração, com plena confiança no cuidado de Deus.

Mateus Zell chamava sua esposa de "minha ajudante", e ela descrevia a si mesma como apenas uma lasca da costela daquele homem abençoado, ao que ele respondia que ela era, pelo menos, duas costelas. Mateus e Catarina se amaram e se complementaram em um riquíssimo ministério. Lutero declarou que fora mais santificado em um ano de casamento do que em dez anos de monastério, e afirmou: "Deus deu-me uma boa mulher, eu não trocaria minha condição com a de um Creso".[7] Calvino sofreu muito com a morte de Idelette e não quis se casar mais, apesar de ter somente 40 anos ao enviuvar. Para ele, a esposa havia sido sua excelente companheira de vida e uma fiel assistente de seu ministério.

As esposas dos reformadores não os transtornaram. Muito pelo contrário, suas experiências matrimoniais comprovaram a máxima bíblica: "O que acha uma esposa acha o bem e alcançou a benevolência do Senhor" (Pv 18.22).

CATARINA ZELL

1497–1562

DEUS RECORDARÁ SEU TRABALHO, MESMO QUE O MUNDO NÃO NOTE OU O ESQUEÇA[8]

Trechos da carta de Catarina Zell a todos os cidadãos de Estrasburgo:

Se aprendi a compreender e ajudei a divulgar o evangelho, que Deus o julgue. Que me casei com meu piedoso marido e por isso suportei difamação e mentiras, sabe-o Deus. O trabalho que realizei, tanto em casa como no exterior, é conhecido por aqueles que já descansam em Deus e, pela forma como ajudei a difundir o evangelho, também pelos que ainda vivem, acolhi os exilados, confortei os refugiados desalojados, promovi a igreja, a pregação e as escolas, *Deus recordá-lo-á se o mundo esquecer ou não notar* [...]. Honrei, apreciei e abriguei muitos homens de grande cultura, com cuidados, trabalho e despesa [...]. Ouvi a sua conversa e a sua pregação, li os seus

> livros e as suas cartas, e ficaram contentes por receber as minhas [...] e devo exprimir como gostei de todos os antigos homens de elevada cultura e dos fundadores da Igreja de Cristo, como apreciei ouvir o que diziam sobre coisas sagradas e como o meu coração se alegrou nessas coisas.[9]

Catarina Schutz nasceu em 1497, em Estrasburgo, em uma proeminente família de artesãos. Ela recebeu de seus pais uma excelente educação, que utilizou em favor da fé reformada. Muitas mudanças ocorreram em sua cidade à época de sua infância, com a disseminação das doutrinas da Reforma. Quando jovem, com grande senso de pecaminosidade, ela sentia que sua alma estava "doente de morte" e não cria que Deus a aceitava, pois julgava não ter feito o suficiente por ele.

No entanto, Catarina aceitou a justificação pela fé e, confiando somente em Cristo como seu salvador, entendeu a Bíblia de uma nova maneira. Ela alcançou a convicção de que Cristo a havia chamado para ser uma "pescadora de pessoas". Em pouco tempo, Catarina estava pronta para devotar a vida a esse chamado.[10]

Mateus Zell, um padre católico romano, foi o primeiro pregador a celebrar a missa em alemão, em Estrasburgo. Influenciado pelas ideias da Reforma, Zell desejava renovar a igreja e ensinou ali o puro evangelho de Cristo. No entanto, ele foi perseguido pelas autoridades católicas, pois suas mensagens causaram agitação, e o arcebispo romano recusou-se a permitir que ele subisse novamente ao púlpito. Mesmo assim, Zell continuou evangelizando multidóes, que aceitaram seus ensinos, e a maioria das pessoas da cidade se tornou protestante.

Entre seus ouvintes estava Catarina, por quem se apaixonou. Eles se casaram, em 1523, formando um dos primeiros casais convertidos ao protestantismo. Com isso, Mateus Zell se tornou também um dos primeiros padres a ser excomungado por se casar. Sua jovem esposa provou ser uma mulher piedosa e discreta, que vivia em completa harmonia com o marido.

Casamento

> O que nos uniu e nos manteve juntos não foi prata ou ouro. Nós dois possuíamos algo mais elevado: "Cristo foi o marco adiante dos nossos olhos".[11]

Catarina e Mateus Zell estabeleceram uma parceria notável no ministério, trabalhando juntos. Eles compartilharam as atividades pastorais de acolhimento de refugiados e reformadores perseguidos, ajudando aos necessitados e visitando os doentes, os presos e os moribundos. Catarina foi auxiliar do marido nos ensinos e pregações em um grau incomum. Muitas pessoas a procuravam em busca de conselho e conforto, e ela se valeu do próprio estudo religioso e de sua experiência para atendê-las.

Contudo, muitas calúnias foram espalhadas sobre o casal, até mesmo que Catarina era serva do marido e que ele a espancava. Os primeiros casamentos reformados foram bastante criticados, e sete ministros casados de Estrasburgo foram excomungados pela igreja romana.

Por isso, Catarina defendeu seu matrimônio e escreveu uma carta fumegante ao bispo da cidade contra a suposta vida celibatária dos religiosos. Ela se posicionou a favor do casamento dos pastores, e suas argumentações não eram somente práticas, mas também teológicas.[12] Nesse seu primeiro texto, vemos uma mulher confiante, com profundo conhecimento bíblico e habilidade na escrita.

Catarina, que a princípio não queria se casar, explicou, ainda, que decidiu conscientemente pelo enlace matrimonial para servir de exemplo contra a fornicação comum entre sacerdotes católicos e para preparar o caminho para outros reformadores. A Câmara Municipal de Estrasburgo não se agradou de que uma mulher chamasse a atenção das pessoas dessa forma e a proibiu de divulgar tais escritos. A proibição foi encaminhada a Mateus, seu guardião perante a lei. Ela acatou a ordem até a morte dele, mas depois continuou a publicar textos religiosos.

Catarina deu à luz dois filhos que não sobreviveram, o que ela reconheceu como vontade divina. Com isso, seu foco foram incansáveis atividades sociais. Mateus considerava a esposa "companheira conjugal", "ministra assistente" e "mãe dos aflitos", funções que ela desempenhou com louvor.

Críticas e perseguições

> Eu sou uma perturbadora da paz? Sim, na verdade da minha própria paz. Vocês chamam isso de perturbar a paz? Ao invés de gastar meu tempo em divertimentos frívolos, visitei os infestados pela praga e cuidei dos mortos. Eu tenho visitado os presos e aqueles que estão

> sob sentença de morte. Algumas vezes, por três dias e três noites eu não comi nem dormi. Nunca usurpei o púlpito, mas fiz mais do que qualquer ministro visitando aqueles que estavam na miséria. Isso está perturbando a paz da igreja?[13]

Catarina foi perseguida pelos próprios líderes luteranos, para quem ela queria usurpar o cargo do marido. Ludwig Rabus, antigo residente em sua casa e confessadamente em dívida com seus conselhos espirituais, a intitulou de "perturbadora da paz da igreja" por apoiar dissidentes. Catarina os ajudava como um ato de fraternidade, pois, para ela, o importante era manter o amor cristão. Ela enfatizou expressamente essa necessidade de tolerância no sermão que fez no sepultamento do esposo.

O clima político e religioso na cidade mudou após a vitória do imperador Carlos V sobre as tropas dos príncipes protestantes, o que promoveu o retorno ao culto católico e à eucaristia segundo a igreja romana, até que as questões religiosas foram finalmente resolvidas em um concílio. Os protestantes recebiam a ceia do Senhor nos dois elementos: pão e vinho, e os que se opuseram a esse ajuste foram expulsos da cidade, como os reformadores Bucer e Capito. Catarina os escondeu em sua casa até que pudessem fugir para a Inglaterra.

O final da vida de Catarina não foi apenas marcado pela doença, mas também muito ofuscado por discussões com a nova geração de pregadores em Estrasburgo, estritamente luteranos, que perseguiram todos os dissidentes com sermões de ódio. Ludwig Rabus, que havia sido assistente de Mateus Zell, se tornou um dos mais ferrenhos acusadores dos primeiros pastores reformadores de

NOBRES REFORMADORAS FRANCESAS

Estrasburgo, bem como de outros. Ele considerou hereges Zuínglio e seus seguidores. Em seu sermão de Natal, em 1556, ele insultou Schwenckfeldt,[14] com quem Catarina trocava correspondência. Rabus combatia a todos que tivessem crenças religiosas diferentes das suas. Por causa desse comportamento, Catarina exigiu-lhe que parasse de condenar os outros para que ele próprio não fosse condenado. Em resposta, Rabus lhe recomendou que deixasse de atuar nos assuntos teológicos, ocupando-se com a roca, o fuso e com o cuidado com os doentes.

Catarina, no entanto, retrucou de forma incisiva. Ela afirmou que os anabatistas[15] aceitavam a Cristo e davam testemunho da fé na prisão, no fogo e na água. Disse que Rabus se comportava como um caçador perseguindo javalis e que não podia continuar punindo todos os que discordavam dele, porque a fé não devia ser forçada.

Infelizmente, aquela nova geração de reformados em Estrasburgo pregava liberdade de consciência, mas não de prática. A intrépida Catarina, porém, dava testemunho de tolerância com pessoas de diferentes credos por meio de suas palavras e seus atos.

Ação social

> Eu tenho recebido muitas pessoas extraordinárias em suas fugas, e as tenho confortado, como Deus ordenou: "restabelecei as mãos descaídas e os joelhos trôpegos".[16]

Catarina abrigou perseguidos de muitas denominações e foi chamada de "mãe dos reformadores", amparando-os em sua grande casa pastoral da catedral de Estrasburgo, a qual transformou em um asilo espiritual — isto é, local onde os refugiados recebiam alimento para alma e corpo. A reitoria estava sempre aberta à visitação. Personalidades importantes da Reforma encontraram lá aceitação e apoio. O casal Zell acolheu quinze fugitivos de Baden e, posteriormente, 150 refugiados de Kenzingen, sendo que Catarina alimentou cerca de sessenta deles por quatro semanas. Ela também conseguia que outras pessoas socorressem esses fugitivos, recolhia ofertas e os ajudava a obter abrigo em outros lugares. Entre os reformadores, recebeu Bucer, foragido de Weissenburgo, e Calvino, da França, que ainda teve todo seu dinheiro roubado no caminho.

Catarina desfrutou da companhia de reformadores ilustres, dialogou com eles e os recepcionou quando foram a Estrasburgo, a caminho do Colóquio de Marburgo.[17] Ela registrou: "[Fui] por quatorze dias serva e cozinheira, enquanto homens extraordinários como Ecolampadius e Zuínglio estavam aqui".[18]

Não muito depois desse evento, eclodiu uma guerra entre camponeses, quando grupos de agricultores furiosos se reuniram em torno de Estrasburgo.[19] Acompanhada pelo marido e pelo pastor Wolfgang Capito, Catarina foi aos acampamentos dos rebeldes e tentou promover ações não violentas. Porém, a revolta foi brutalmente reprimida pelos soldados dos príncipes, e os sobreviventes, junto com as mulheres e as crianças dos mortos, fugiram para Estrasburgo. Às vezes, havia até três mil refugiados, e Catarina liderou as ações de auxílio a eles, recolhendo doações e encontrando alojamentos. Seu papel de socorro durante essa crise se estendeu por seis meses.

Catarina viveu praticando boas obras, ao cuidar de doentes e necessitados. Em 1555, acolheu o sobrinho, que estava com sífilis em estado terminal. Quando não pôde mais cuidar dele em casa, mudou-se com ele para um sanatório, onde morou por um tempo. Chocada com o estado miserável do lugar, Catarina enviou imediatamente um relatório condenatório ao Conselho Municipal. Para ela, melhorar as condições sociais na cidade era um dos deveres da esposa de um pastor.

Legado

> Quando li esses hinos, senti que o escritor tinha uma Bíblia inteira em seu coração. Este não é apenas um hinário, mas uma lição de oração e louvor. Quando tantas canções imundas estão nos lábios de homens e mulheres e até de crianças, penso que seria bom que o povo cantasse com zelo vigoroso e voz clara as canções de sua salvação. Deus se alegra quando o artesão em seu banco, a empregada na pia, o lavrador no arado, o aparador nas vinhas, a mãe no berço desabafam em orações, louvor e instrução.[20]

Esse é um trecho do prefácio que Catarina escreveu para o hinário dos irmãos boêmios (da região de Boêmia), traduzido do tcheco para o alemão por Michael Weisse. Considerando-o uma boa fonte de conhecimento teológico para o povo, como instrução espiritual ela adicionou algumas músicas e anotações. Catarina republicou a obra sob a forma de quatro pequenos panfletos, a um custo bem baixo, para que todos os pudessem adquirir. O desejo de Catarina era ver todos louvarem a Deus: fazendeiros e artesãos no trabalho, mães acalmando bebês inquietos e empregadas lavando pratos na cozinha.

A excelente correspondência de Catarina foi volumosa. Ela trocou cartas com os reformadores Zuínglio, Bullinger e Lutero, a quem pediu que tratasse os suíços com mais delicadeza na controvérsia da ceia do Senhor. Como enfocado anteriormente, no colóquio de Marburgo não se chegou a um acordo sobre essa questão.

Catarina foi autora de três cartas panfletárias, seis livros e outros escritos que tiveram bastante repercussão na época. Além de cartas apologéticas, publicou um texto para confortar mulheres perseguidas na congregação em Kenzingen, cujos esposos estavam refugiados em Estrasburgo. Catarina demonstrou preocupação com o bem-estar das mulheres e crianças deixadas sozinhas por conta da perseguição, porque, além de cuidar dos maridos refugiados, forneceu-lhes alento na longa carta pastoral *Às mulheres sofredoras de Kenzingen, minhas irmãs em Cristo Jesus*. O texto reconhecia o sofrimento delas, as elogiava por sua coragem e as consolava com passagens da Bíblia e expressões de admiração por seu testemunho de fé. A escritora assegurou-lhes que seu exemplo serviria de incentivo para outras pessoas.

Em 1557, Catarina escreveu uma longa carta para toda a população de Estrasburgo, na qual criticou a questão do poder dos líderes da igreja e apelou à tolerância e ao entendimento.

Seus poucos sermões ocorreram em funerais: o primeiro ela fez no sepultamento do próprio marido, que lhe recomendara que transmitisse um último recado aos seus pastores assistentes: que deixassem os anabatistas e os *schwenkfelders* em paz, e que, em vez de persegui-los, pregassem a Cristo. Nessa ocasião, Catarina só se pronunciou após o sermão oficial de Bucer e depois que a maioria das pessoas retornou para seus lares. Ao pregar aos amigos mais íntimos, ela falou acerca do trabalho do esposo e comunicou seu derradeiro desejo, que era pela paz.

Catarina pregou publicamente mais duas vezes, ambas no enterro de mulheres dissidentes: uma *schwenkfelder* e outra anabatista. Nenhum pastor queria sepultá-las sem apontar abertamente que elas haviam se afastado da igreja de Jesus Cristo. A família da anabatista pediu a Catarina que realizasse a cerimônia funerária. Ela já estava fraca demais para andar, e uma carroça a levou para o cemitério. O conselho da cidade a condenou por isso, afirmando que mulheres hereges não deveriam receber um sepultamento cristão. No entanto, a intrépida pregadora morreu antes de sofrer qualquer consequência.

Seu amor, aliado ao conhecimento bíblico, deram a Catarina um entendimento profundo das coisas de Deus, que ela aplicou na prática. Ela era dotada de rara coragem, grande eloquência e habilidade na defesa de seus pontos de vista, pois explicava a teologia da Reforma de maneira clara.

Sua notável virtude, porém, foi o grande amor ao próximo, demonstrado na rejeição à intolerância e às críticas. Em suma, Catarina foi modelo de uma discípula que vive os valores cristãos de amor, compaixão e serviço.

CATARINA VON BORA

1499–1552

LUTERO DESEJAVA QUE O NOME DA ESPOSA APARECESSE JUNTO AO DELE NA HISTÓRIA DA REFORMA[21]

> [Minha querida Kate] me ajuda em meu trabalho e acima de tudo ama a Cristo. Depois dele, ela é o maior presente que Deus já me deu nesta vida. Se, algum dia, vierem a escrever a história de tudo o que tem acontecido (a Reforma), espero que o nome dela apareça junto ao meu. Eu oro por isso [...].[22]

Martinho Lutero enfrentou corajosamente as práticas antibíblicas da igreja católica romana, o que deu origem à Reforma Protestante. A partir de 31 de outubro de 1517, sua vida nunca mais foi a mesma, e o êxito que teve em seu ministério nos anos seguintes contou com o fiel auxílio de sua esposa.

Catarina nasceu perto de Leipzig, na Alemanha, em 1499. Era filha de Hans von Bora e Anna von Haugwitz. Tinha três irmãos e, provavelmente, uma irmã. Sua mãe morreu quando ela tinha apenas 5 anos e, logo após, seu pai se casou novamente e ela foi enviada a um convento beneditino em Brehna, a fim de ser criada e educada pelas freiras.

Aos 10 anos, por decisão do pai, Catarina foi transferida para Marienthron, um convento cisterciense em Nimschen. Ela se tornou uma freira enclausurada aos 16 anos, e sua qualidade de vida piorou, pois o espaço era pequeno e desconfortável.

Encontro com a Reforma e casamento com Lutero

> Minha querida Kate me mantém jovem e em boa forma também [...]. Sem ela, eu ficaria totalmente perdido. Ela aceita de bom grado minhas viagens e, quando volto, está sempre me aguardando com alegria. Cuida de mim nas minhas depressões e suporta os meus acessos de cólera.[23]

Os escritos de Lutero se espalharam por toda a Alemanha, e não demorou muito para que chegassem aos conventos e mosteiros, ainda que de forma infiltrada. Foi assim que Catarina conheceu os ensinos da Reforma. Ela e mais onze freiras foram impactadas e transformadas pela doutrina evangélica. Com a consciência inquieta, buscaram o conselho de Lutero, que as aconselhou a fugir e garantiu que as ajudaria.

Porém, essa não era uma missão tão fácil. Na época, auxiliar freiras a escapar era crime, o que poderia levar à execução. Mas Lutero contou com a assistência de Leonard Koppe, um mercador que entregava barris de arenque defumado e era conselheiro municipal de uma cidade que ficava entre o convento e Wittenberg.

A fuga aconteceu na véspera da Páscoa de 1523. Koppe, chamado por Lutero de "ladrão abençoado", foi realizar suas entregas e voltou com as freiras escondidas na carroça coberta. Dessa maneira, elas escaparam da clausura e encorajaram outras freiras a fazer o mesmo.

No dia seguinte, o grupo chegou a Wittenberg e, aos poucos, todas foram alocadas. Umas se tornaram professoras, outras retornaram a seus lares, algumas foram acolhidas em residências e se casaram. Catarina ficou dois anos com a família do pintor Lucas Cranach e aprendeu muito com essas pessoas nobres de Wittenberg, junto a quem recebeu um excelente treinamento em economia doméstica.

Acredita-se que ela era muito atraente, e seu primeiro amor foi um jovem chamado Jerônimo. O rapaz tinha idade aproximada à dela e havia estudado na Universidade de Wittenberg com Lutero e Melanchthon. Jerônimo e Catarina se apaixonaram e tinham planos de se casar, mas a família dele foi contra a união e ele desistiu do matrimônio.

A ex-freira, então, mudou-se para outra casa e trabalhou cuidando de crianças, enquanto Lutero, com o auxílio do amigo Nicolaus von Amsdorf, continuou a procurar um esposo para ela. Quando Lutero, por intermédio de Nicolaus, sugeriu à moça que se casasse com o pastor Casper Glatz, ela recusou, por não lhe ter nenhuma afeição. Catarina enviou de volta um recado ao reformador alemão dizendo estar disposta a se casar com Nicolaus ou, se esse não quisesse, com o próprio Lutero. Apesar de ser contra o celibato dos clérigos, Lutero não tinha interesse em um enlace e riu da mensagem. Mas, com o passar do tempo, ao ver outros monges se casarem, começou a considerar a ideia.

Mesmo sendo dezesseis anos mais velho do que Catarina, Lutero acabou por pedir a jovem em casamento. A princípio, eles não estavam apaixonados, e a decisão do reformador ocorrera, segundo suas palavras, para "fazer a vontade de seu pai, irritar o papa e afligir o diabo".[24] Catarina, por sua vez, achava Lutero um homem decente, que seria um bom esposo. O amor veio com o tempo, e eles se amaram mais do que poderiam ter imaginado. A cerimônia de casamento se realizou em 13 de junho de 1525, apenas doze dias depois do pedido. Lutero tinha 42 anos e Catarina, 26. O casal foi morar no antigo mosteiro agostiniano de Wittenberg, que ganhou de presente do príncipe Frederico.

Muitos se opuseram à união, em razão da diferença de idade, do matrimônio de religiosos ser considerado um escândalo e do temor de que Lutero fosse morto a qualquer momento. Mas isso não impediu que o casamento acontecesse.

Esposa e administradora do lar "hospedaria"

[Catarina] contribuiu de forma efetiva para a prosperidade da família Lutero. Ela comprou terras em Züllsdorf, coordenou uma fábrica de cerveja e alugou um açude para a criação de peixes. Além da sua capacidade administrativa, [...] foi uma grande parceira de seu marido e reformador Lutero. Provavelmente, participou

> de muitas discussões e conversas teológicas
> que aconteceram ao redor da mesa em sua casa
> com estudantes e reformadores (*Tischreden*).
> Numa conversa à mesa, Lutero disse: "[...] eu não
> trocaria minha Kathe nem pela França nem por
> Veneza. Ela me foi dada por Deus, assim como eu
> fui dado a ela".[25]

A maior parte do que se sabe sobre Catarina é proveniente dos registros de Lutero. Felizmente, o reformador mencionou a esposa várias vezes em seus escritos e, apesar de terem se casado por mútua necessidade, não demorou para que ele começasse a se referir à companheira de forma carinhosa, demonstrando o amor que passou a ter por ela.

A vida de ambos mudou muito. Lutero antes vivia de maneira mais despreocupada e desorganizada. Ele mesmo relata que ficara certa vez mais de um ano sem arrumar a cama, que já estava até marcada por seu suor. Catarina, por sua vez, era disciplinada e organizada.

Lutero era tão acostumado a uma vida simples que "relutava em aceitar qualquer coisa que não fosse absolutamente indispensável e mandaria embora qualquer coisa que não fosse absolutamente necessária".[26] No entanto, Catarina sabia administrar bem uma casa e identificava o momento certo para reter ou doar. Certa vez, o casal recebeu 20 florins de ouro de presente do arcebispo de Mainz, mas Lutero decidiu mandar as moedas de volta. Só não o fez porque a esposa já tinha aceitado a oferta.

Catarina foi uma excelente auxiliadora na difícil jornada de Lutero em razão da constante luta pela Reforma. Ela estava ao seu lado nos momentos de doença, nas depressões e excentricidades, e era muito habilidosa com ervas, cataplasmas e massagens.

Lutero era frequentemente apedrejado, e ali estava Catarina para cuidar dele. Certa vez, desanimado após mais um ataque, ele não queria comer nem beber nada. Ela implorou que ele se alimentasse, e o marido cedeu. "Muito bem", disse ele, "quero rosbife, ervilhas e mostarda, e seja rápida, antes que meu desejo desvaneça".[27] Ela preparou a refeição, e ele comeu com vontade. No outro dia, já estava bem e de volta ao trabalho em seu escritório — e os médicos ficaram admirados em vê-lo tão bem.

Quando estava disposto, o reformador se trancava em sua sala, entregando-se aos estudos por dias, sem comer nem beber nada. Mas Catarina, consciente da necessidade do alimento, removeu a porta da sala onde ele estava recluso, deixando-o surpreso, pois achava que seu comportamento não lhe causava mal nenhum.

No entanto, os afazeres de Catarina iam muito além de cuidar do marido. Ela administrava a casa, que tinha quarenta quartos só no andar térreo, constantemente ocupados. Além dos seis filhos que tiveram, Lutero abrigou cerca de sete sobrinhos e mais quatro filhos de um amigo que havia perdido a esposa. Catarina também recebia alguns familiares. Os demais aposentos eram alugados para os alunos de Lutero. Se deixasse por conta do reformador, ele não cobraria nada pelas hospedagens; mas esses pagamentos eram necessários, e sua esposa não lhe permitia fazer isso. Muitos estrangeiros e refugiados também encontravam abrigo ali, incluindo outras ex-freiras, como Ursula de Münsterberg.[28]

Havia muito serviço na casa, mais do que poderia ser feito por uma única pessoa. Catarina tinha criados que a auxiliavam e, para dar conta de tantas tarefas, ela acordava às quatro horas da manhã — o que fez Lutero chamá-la de "a estrela da manhã de Wittenberg".

Catarina tentou tornar sua casa autossustentável, para que pudessem economizar dinheiro. Além disso, prevendo que poderia ficar viúva cedo, por causa da diferença de idade entre ela e o esposo, e consciente de que sua família poderia passar necessidades sem ele, Catarina começou a investir em imóveis. Lutero não gostou muito da ideia, pois acreditava que não havia retorno nesse tipo de investimento. Para ele, um terreno só teria valor se fosse vendido ou cultivado. No entanto, Catarina acabou convencendo o marido.

Filhos

> Tudo o que tenho feito se resume a simplesmente duas coisas: ser esposa e mãe, e tenho certeza de que uma das mais felizes de toda a Alemanha.[29]

Catarina e Lutero tiverem três filhas e três filhos: João, Elizabeth, Madalena, Martim, Paulo e Margareth. Vários quadros ilustrativos recordam os momentos felizes da família no lar. Um deles retrata o reformador tocando alaúde e cantando hinos com a esposa e os filhos. Outro reproduz Lutero no pomar, estendendo os braços para seus meninos com cachos de uvas nas mãos. E um terceiro mostra uma cena de Natal, em torno da árvore, com brinquedos pelo chão.

Infelizmente, a família vivenciou muitos momentos tristes, pois, além de todas as aflições causadas pelas constantes perseguições em decorrência da Reforma, a morte de duas filhas acrescentou ainda mais sofrimento. Elizabeth morreu antes de completar 1 ano, o que devastou o coração dos pais. Madalena, que era o encanto do lar, faleceu com cerca de 12 anos. Quando ela adoeceu, o aflito Lutero ergueu uma súplica aos céus: "Eu a amo profundamente, bom Deus; se, porém, é do teu agrado levá-la, de boa vontade a darei". E disse à filha amada: "Querida Lena, minha filhinha, preferes permanecer aqui na terra com teu pai ou desejas ir ter com o Pai Celestial?". "Seja o que Deus quiser" foi a resposta da filha. Quando a depositou no caixão, Lutero disse: "Querida Lena, terás de ressuscitar e brilharás como uma estrela, como um sol. Sinto-me feliz em espírito, embora muito triste na carne".[30]

A família tinha o hábito de se reunir para cantar louvores e fazer a leitura da Bíblia, e o casal educou bem os filhos. Lutero menciona o amor que tinha por eles em muitas cartas. E, mesmo com suas ocupações, Catarina não negligenciava as crianças e cuidou delas apropriadamente.

Legado e morte

> Ela não escreveu nenhum livro, nem jamais pregou um único sermão, mas seu inestimável auxílio possibilitou que seu marido fizesse tudo isso como poucos na História da Igreja.[31]

Catarina gostava de ler, e o marido a incentivava a fazer estudos bíblicos devocionais. Lutero lhe sugeria algumas passagens específicas e a encorajava a memorizá-las. Ela, então, as recitava para animá-lo quando ele passava por momentos de tristeza e depressão.

A sabedoria adquirida pelo conhecimento das Escrituras ajudava Catarina a dar bons conselhos ao marido e a agir ou falar no momento apropriado e de forma correta. Certa vez, ao vê-lo desanimado e enfurecido com a maldade do mundo e as dificuldades que a igreja enfrentava, Catarina se vestiu de preto e foi até o quarto onde ele estava prostrado, entregue aos sentimentos de depressão. Lutero se assustou ao ver a esposa em vestes de luto e perguntou quem havia morrido. Ela respondeu que Deus é quem havia morrido, o que o deixou irritado. O reformador retrucou que Deus nunca morreria, ao que Catarina indagou, então, o motivo de seu desalento e desesperança, uma vez que ele acreditava no poder de Deus. Lutero compreendeu as intenções da esposa e recobrou o ânimo e a confiança no Senhor.

No decorrer dos anos, o reformador não se cansou de exaltar os valores e as qualidades da companheira em cartas e escritos. Ele demonstrou tê-la amado grandemente e reconheceu que sua vida foi muito melhor por tê-la ao seu lado.

Lutero morreu em 18 de fevereiro de 1546, longe de casa, o que não permitiu a Catarina estar com ele no momento de sua morte. A notícia a deixou desolada. Ela escreveu uma carta para a cunhada Cristina von Bora, enfatizando sua dor e aflição:

> Não consigo comer nem beber. Além disso, também não consigo dormir. E, se eu tivesse um principado, ou mesmo um império, não me sentiria tão mal por perdê-lo como me sinto agora que o nosso querido Senhor Deus tomou esse amado e querido homem de mim, e não somente de mim, mas do mundo

inteiro. Quando penso nisso, não posso evitar a angústia e o pranto, seja para ler, seja para escrever, como Deus sabe.[32]

A morte do esposo deu início aos anos mais difíceis de sua vida. Lutero morreu tranquilo, pois acreditava que ela estava amparada pelos bens que possuíam. Mas os direitos de Catarina sobre as propriedades e sobre os filhos estavam longe de estar assegurados. Uma série de eventos infelizes fez com que Catarina dependesse de ajuda para sobreviver nos últimos anos de vida. Contudo, mesmo em meio às humilhações e necessidades financeiras, sua fé em Deus não se abalou.

Em 1552, foi para Torgau com os dois filhos mais novos, a fim de fugir de um surto de peste negra. Durante a viagem, os cavalos da carruagem se assustaram e dispararam. Catarina foi lançada para fora, caiu em uma vala e machucou gravemente as costas. Sua filha Margareth, na época com 18 anos, cuidou dela esperando que melhorasse. No entanto, ela não se recuperou e morreu três meses depois do acidente, em 20 de dezembro de 1552, aos 53 anos.

Catarina foi uma mulher transformada e inspirada pela verdade do evangelho de Cristo. Ela não se envolveu diretamente no movimento da Reforma, não reivindicou o direito das mulheres à pregação nem enviou cartas ousadas para os líderes da igreja romana. No entanto, foi um grande exemplo de esposa e auxiliadora, comparável à mulher virtuosa de Provérbios 31, pois, mesmo tão ocupada com os exaustivos afazeres de casa, com o cuidado dos filhos, do esposo e dos agregados, encontrava tempo para a comunhão com Deus.

A companheira de Lutero deixou o exemplo de uma mulher cristã e, ao desempenhar seu papel com amor e dedicação, auxiliou o reformador em seu trabalho, deixando frutos que permanecem até os dias de hoje.

IDELETTE DE BURE

1507–1549

ELA ENTREGOU SEUS CUIDADOS AO DEUS DE ABRAÃO[33]

> Fui privado da melhor companhia da minha
> vida, daquela que, se assim lhe fosse ordenado,
> estaria disposta a partilhar não apenas da minha
> pobreza, mas até mesmo da minha morte.
> Enquanto viveu, foi a fiel auxiliadora do meu
> ministério. Declarei na presença dos irmãos que,
> doravante, cuidaria deles (os filhos de Idelette)
> como se fossem meus. Ela respondeu: "Já os
> entreguei ao cuidado do Senhor".[34]

Não há como falar sobre a Reforma Protestante sem que João Calvino seja lembrado. No entanto, o nome de sua esposa, Idelette, é pouco conhecido ou mencionado. Ao contrário de Lutero, Calvino não escreveu muito sobre a companheira. Ainda assim, pelos poucos registros fica evidente que ela teve grande importância para o ministério do reformador.

Idelette de Bure nasceu em 1507, na Bélgica. Era filha de Lambert de Bure e Isabelle Jamaers. A família aderiu aos ensinamentos de Lutero e passou a ter contato com círculos reformistas por volta de 1520.

A jovem Idelette se casou com Jean Storder, com quem teve um filho e uma filha. O casal era anabatista, e Jean se tornou um dos líderes do movimento. Quando, em 1533, houve uma perseguição aos "hereges", eles foram expulsos da cidade de Liège. O irmão dela, Lambert, fugiu e foi morar em Estrasburgo, enquanto Idelette e o esposo se dirigiram, inicialmente, para Genebra. Ali, a família teve seu primeiro contato com Calvino e desfrutaram da oportunidade de discutir questões teológicas.

Alguns anos mais tarde, em 19 de março de 1538, um decreto expulsou os anabatistas de Genebra pelo fato de não batizarem as crianças. Idelette, o marido e os filhos então fugiram para a casa de Lambert, em Estrasburgo.

Calvino, que também fora forçado a se retirar de Genebra,[35] passou a morar na mesma cidade, onde se tornou pastor de uma igreja formada por cerca de 500 refugiados da França e dos Países Baixos. Ali, os Storders e Calvino tiveram a chance de continuar a amizade. Não muito tempo depois, Idelette e Jean, convencidos por Calvino a mudar algumas de suas crenças, decidiram se tornar parte da comunidade. Na primavera de 1540, o marido de Idelette foi acometido pela peste bubônica e morreu.

Casamento com Calvino

> Só esta é a beleza que me atrai: se ela for casta, se não for exigente ou refinada demais, se for econômica, se for paciente, se houver esperança de que ela se interesse pela minha saúde.[36]

Diferentemente de outros reformadores, Calvino demorou a considerar a ideia de se casar, e já estava com quase 30 anos quando passou a pensar no assunto. Foi pela insistência de seus amigos e pela comprovação de que eram felizes no matrimônio, com esposas ajudadoras e carinhosas, que o reformador se decidiu a encontrar uma mulher. No entanto, ele tinha exigências quanto ao caráter e ao temor a Deus que uma futura companheira deveria apresentar. Para o reformador, também era importante que uma eventual esposa falasse francês.

Calvino acreditava que o casamento era somente uma forma de suprir algumas de suas necessidades, o que o levou a uma escolha muito racional. Ele estava tão convencido de que 1539 era o ano certo para se casar que reservou uma data um pouco depois da Páscoa, com seu amigo Farel, para oficializar a cerimônia. Mas Calvino sequer tinha uma noiva em vista naquele momento. Outro aspecto singular é que ele deixou os amigos encarregados de encontrar-lhe uma esposa, crendo que, por serem casados, eles saberiam escolher melhor do que ele próprio.

Uma primeira candidata lhe foi apresentada. No entanto, duas características dela fizeram com que ele não a quisesse como companheira: por ser alemã, ela não falava francês nem parecia ter interesse em aprender. Além disso, a jovem era rica, e Calvino considerou que isso poderia ser constrangedor para um ministro pobre como ele. O reformador também temeu que, com o tempo, ela ficasse insatisfeita com uma vida mais simples.

Farel, um dos amigos incumbidos de selecionar uma pretendente, tinha outra candidata, que falava francês e era uma protestante devota. Mas Calvino não gostou da ideia de que ela era quinze anos mais velha e, por isso, descartou a possibilidade.

Em 1540, mais uma candidata lhe foi apresentada, com recomendações dos amigos. Ela falava francês e não tinha posses e, por isso, Calvino se interessou e a convidou para ir a Estrasburgo a fim de se conhecerem. Na certeza de que encontrara a boa esposa, convidou Farel para oficializar o casamento, que não passaria do dia 10 de março. No entanto, não se sabe o motivo de, mais uma vez, não ter dado certo.

Calvino já estava desanimado e escreveu a Farel: "Eu não encontrei uma esposa e frequentemente hesito se devo procurar por mais uma".[37] Contudo, foi quando ele parou de tentar conhecer alguém que a pessoa certa apareceu. Seu amigo e pastor Bucer falou sobre a viúva Idelette, que era atraente e inteligente, tivera uma boa educação, sabia o latim, tinha um bom caráter, e era piedosa e modesta. Calvino gostou da ideia e se casou com Idelette em agosto de 1540, em uma cerimônia grandiosa. Seus amigos da França foram, e algumas cidades da Suíça mandaram deputados para representá-las.

Ao se casar com Calvino, Idelette passou a exercer a função de esposa de pastor. Esse papel trazia consigo grandes responsabilidades e muito serviço. Calvino morava na casa pastoral, onde recebia grande número de pessoas, entre as quais muitas iam não apenas para um breve aconselhamento ou para receber uma oração, mas também para residir. Por causa da perseguição religiosa, muitos refugiados franceses e visitantes dirigiam-se até a casa, onde encontravam refúgio e cuidados. Alguns de seus alunos também moravam ali.

Antes de seu casamento, Calvino contava com a ajuda de uma governanta para administrar a casa. Agora era Idelette quem assumia esse papel, oferecendo os cuidados necessários aos que por ali passavam e permaneciam por um tempo. A hospitalidade foi uma de suas características mais marcantes. Sua dedicação para com os refugiados era tão grande "que alguns chegavam a dizer que ela era mais cuidadosa com os estranhos do que com os próprios nativos da cidade".[38] A esposa de Calvino também gostava de usufruir da companhia dos amigos mais próximos dele.

Contudo, as responsabilidades de Idelette iam além, pois ela ouvia e aconselhava as pessoas. Calvino reconhecia que ela cuidava de tudo com muito zelo e a chamou de "a excelente companheira da sua vida, e sempre fiel assistente do meu ministério".[39]

Logo no início do casamento, o reformador e sua esposa enfrentaram sua primeira provação. Ambos adoeceram e ficaram confinados na cama. Contudo, Calvino estava tão feliz com a união que achava que aquela doença era uma forma de Deus moderar tanta alegria. Pouco depois, os dois se recuperaram e retomaram as atividades.

Idelette esteve sempre ao lado de Calvino, apoiando-o em todas as situações. Apesar de ser tão atuante, ela mantinha a modéstia, sem enaltecer os seus feitos e demonstrando constrangimento quando alguém o fazia. Idelette se destacava pelo conhecimento e pelo domínio que tinha do latim. Ela se correspondia com outras mulheres e esposas de reformadores por meio de cartas, encorajando-as e ajudando-as. Além de todas as responsabilidades já mencionadas, Idelette ainda se empenhava em atividades diaconais, como a visitação aos doentes, e fazia tudo sem negligenciar o cuidado para com os filhos e o marido.

Certa vez, Calvino viajou para participar de conferências em Hagenau e Worms. Não demorou muito após sua partida e a peste tomou conta de Estrasburgo, mas suas obrigações com a causa protestante não permitiram que regressasse ao lar. A praga se alastrou gravemente, alguns amigos do reformador vieram a morrer e seu irmão, Antoine, fugiu da cidade. Sem notícias da família, Calvino ficou muito preocupado e temia que o pior acontecesse com a esposa. No entanto, Idelette sobreviveu à peste.

Depois de algum tempo, o reformador foi chamado de volta a Genebra. Ele foi sozinho e, posteriormente, o conselho da cidade enviou cavalos e uma carruagem para buscar Idelette e o restante da família. Uma casa com um grande jardim aguardava por eles, e ali ela pôde demonstrar mais um de seus talentos: o cuidado com as plantas. Calvino gostava de levar os visitantes até o quintal para exibir as habilidades da esposa na plantação de árvores frutíferas, ervas e flores.

Em Genebra, Idelette continuou a exercer o papel de companheira fiel e dedicada. Nos momentos em que Calvino estava acamado em razão de saúde fraca ou depressão, ela o auxiliava e permanecia ao seu lado, cuidando dele e o confortando. Quando o esposo enfrentava as afrontas dos que se opunham à Reforma, ou quando chegavam más notícias, Idelette ia para o quarto, dobrava os joelhos e orava.

Ela própria encarou muitos sofrimentos, que tiveram grande impacto em sua saúde. No primeiro ano em Genebra, deu à luz a um filho prematuro, que morreu duas semanas depois. O casal ficou arrasado com a perda. Três anos mais tarde, uma filha faleceu logo ao nascer e, dois anos depois, outra criança nasceu prematuramente e também não sobreviveu. Com tantos dissabores, o estado mental e físico de Idelette agravou-se.

A vida em Genebra não estava sendo fácil. Calvino tinha muitos inimigos e poucos amigos. Alguns moradores punham o nome do reformador em seus cachorros como forma de ofendê-lo. Mas o que o chateava mais eram os insultos à esposa. O primeiro casamento de Idelette não havia sido oficializado, porque os anabatistas consideravam o matrimônio uma cerimônia religiosa, e não civil. Por essa razão, alguns anos depois, espalhou-se o boato em Genebra de que "Idelette era uma mulher de má reputação, que seus dois filhos haviam nascido fora do casamento"[40] e que o casal não podia ter filhos como punição pela vida imoral que ela tivera. Essas acusações contribuíram para a piora de sua saúde, mas, mesmo debilitada, continuava a ajudar Calvino a manter o equilíbrio diante de cada situação.

Morte

> Oh! ressurreição gloriosa. Ó Deus de Abraão, e de todos os nossos pais, em ti confiaram os fiéis em tantas eras passadas, e nenhum deles confiou em vão. Eu também terei esperança.[41]

Infelizmente, a saúde de Idelette não melhorou, e Calvino ficou sem esperança de tê-la ao seu lado por muito mais tempo. Acamada e prestes a morrer, ela tinha apenas duas preocupações: a de que sua doença não fosse um obstáculo ao ministério do esposo e de que os filhos ficassem bem.

Calvino ficou muito impressionado com a serenidade de Idelette no dia de sua morte, nove anos após o casamento, pois parecia que o espírito da esposa estava muito acima deste mundo. Uma hora depois de suas últimas palavras — mencionadas na citação anterior —, sua mente já parecia confusa e ela não conseguia mais falar. Calvino permaneceu ao seu lado e, como registrou mais tarde, compartilhou com ela algumas palavras sobre a graça de Cristo, a esperança da vida eterna e a morte próxima. Após fazer isso, ele orou. Alguns minutos mais tarde, Idelette silenciosamente partiu.

A importância da mulher na vida e no ministério de Calvino fica clara em algumas das cartas que ele escreveu após o falecimento dela. Idelette foi uma companheira tão especial que, mesmo tendo ficado viúvo com apenas 40 anos, ele não teve interesse em se casar novamente. Com suas características singulares, a esposa o influenciou e o ajudou na luta e na missão pela causa da Reforma. Ela esteve sempre firme ao lado do marido e usou de sua sensatez para confortá-lo e acalmá-lo nos momentos mais difíceis.

Modesta e dedicada, Idelette devotou os nove anos ao lado do pastor para lhe servir bem, assim como a todos que necessitavam de seu auxílio. Sua hospitalidade abençoou muitos. Não há registros de quaisquer cartas ou documentos escritos por Idelette. Mas ela deixou o exemplo de uma mulher de Deus que não estava preocupada com a fama ou a posição social, mas, sim, com o serviço que de fato devia prestar ao seu Senhor.

Embora o trabalho dessas **ESPOSAS DE REFORMADORES** nem sempre tenha sido chamativo, elas testemunharam do evangelho por meio do seu serviço. A criação que deram aos filhos constituiu uma nova geração de reformados que estavam prontos a permanecer fiéis às Escrituras.

Essas mulheres tinham conhecimento bíblico e amavam a Cristo. Uma delas, Elisabeth Cruciger, esposa do reformador Caspar Cruciger (aluno e cooperador de Lutero na tradução do Antigo Testamento), foi a primeira compositora do protestantismo. Seu único hino foi incluído no primeiro hinário protestante, em Wittenberg, e se encontra no hinário oficial da Igreja Evangélica da Alemanha. Uma das estrofes diz:

> Deixa-nos em teu amor
> E que teu conhecimento aumente.
> Que permaneçamos na fé,
> e que te sirvamos em Espírito.
> Que nós sintamos o gosto
> da doçura do teu coração,
> sendo sempre sedentos de ti.[42]

A voz feminina suplica a Deus na distante época da Reforma que os corações permaneçam sempre sedentos do Senhor. Do mesmo modo, em nossos dias, as mulheres cristãs desejam, como recomendado pelas Escrituras, sentir sede de Deus e anseiam por sua provisão.

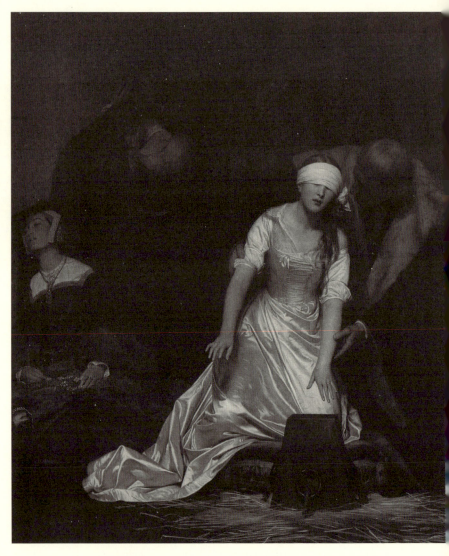

A execução de Jane Grey — por Paul Delaroche (1834).[1]

RAINHAS E MÁRTIRES NA INGLATERRA

Ela subiu as escadas do cadafalso e, ali, de pé, naquela manhã fria de fevereiro, Jane falou brevemente ao pequeno agrupamento presente e fez questão de que soubessem que ela morria como "uma cristã genuína", dizendo: "Busco ser salva por nenhum outro meio além da misericórdia de Deus, no sangue de seu único Filho, Jesus Cristo". Então, ajoelhou-se e recitou o salmo 51.[2]

VOZES EXPRESSAS NO "SALÃO PROTESTANTE" E NO MARTÍRIO

As mulheres da corte de Henrique VIII destacaram-se [...] pela sua elevada intelectualidade, resultante da esmerada educação humanista que receberam, e que lhes permitiu participar nos movimentos de renovação cultural e religiosa que penetravam na Inglaterra renascentista. No que se refere à Reforma da Igreja, muitas mulheres da realeza e da aristocracia inglesas [...] deram um contributo inestimável para a implantação e difusão da teologia protestante, em Inglaterra, através da proteção aos reformadores, do patronato e das traduções de obras teológicas e devocionais que fizeram ou subvencionaram. O seu envolvimento na nova Fé e o exemplo de sua própria experiência religiosa serviram de paradigmas às gerações subsequentes.[3]

A REFORMA NA INGLATERRA foi diferente da que ocorreu em outros lugares, pois não contou com um líder reformador como foi na Alemanha, com Lutero, ou na Suíça, com Calvino. O rei inglês Henrique VIII não conseguiu ter herdeiros do sexo masculino no casamento com Catarina de Aragão e, por isso, solicitou ao papa a anulação do matrimônio. Até a efetiva negação do pontífice, houve um longo período de debates, que resultou no rompimento do monarca com a igreja romana.

Essa separação foi oficializada quando o Parlamento inglês aprovou o Ato de Supremacia, que, em 1534, pôs a igreja sob a autoridade do rei, o que deu origem à Igreja Anglicana. Um dos principais líderes da Reforma inglesa foi Thomas Cranmer, arcebispo de Cantuária, durante os governos de Henrique VIII, Eduardo VI e, por um breve período, de Maria I. Cranmer ajudou a construir o caso para a anulação do casamento do rei e apoiou o princípio da supremacia real, segundo o qual o monarca era considerado o soberano da igreja em seu reino.

Como arcebispo, Cranmer foi responsável por estabelecer as primeiras estruturas doutrinais e litúrgicas da reformada Igreja da Inglaterra. Contudo, não fez mudanças radicais em razão das inúmeras disputas de poder entre os conservadores e os reformistas religiosos. A nova igreja

145

pouco se distinguia da romana e, no concernente à participação das mulheres, continuava a excluí-las da condução de todas as cerimônias de culto e das posições de autoridade. No entanto, muitas figuras femininas da realeza e da nobreza, em situação singular de influência, ajudaram a determinar os rumos da Reforma, entre elas a rainha-consorte Catarina Parr.

Quando seu enteado Eduardo VI,[4] educado por ela na fé protestante, chegou ao trono, o arcebispo Cranmer pôde promover reformas mais abrangentes. Cranmer escreveu e compilou as duas primeiras edições do *Livro de Oração Comum*, liturgia completa para a Igreja Anglicana. Além disso, elaborou novos padrões doutrinais em aspectos como a eucaristia, o celibato clerical, o papel das imagens nos locais de culto e a veneração dos santos. Para isso, contou com o auxílio de reformadores que haviam se refugiado na Inglaterra. Contudo, sob o governo de Maria Tudor, a primogênita de Henrique VIII, a igreja foi levada de volta ao catolicismo e, na tentativa de livrar o país da "heresia", o arcebispo Thomas Cranmer e os bispos Hugh Latimer e Nicholas Ridley pagaram com a própria vida e ficaram conhecidos como os mártires de Oxford.[5]

Mesmo sem o impacto e a força que tiveram na Alemanha, as doutrinas reformadas alcançaram algumas pessoas na Inglaterra, que por meio delas tiveram sua vida transformada. Entre elas encontravam-se mulheres que lutaram bravamente por essa causa, a ponto de se tornarem mártires, como Anne Askew e Jane Grey.

À época, o lugar da mulher era em casa, cuidando do esposo e dos filhos. Um marido tinha poder absoluto sobre a esposa, apropriava-se de todos os seus bens e deveria ser atendido em seus desejos. Se assim não fosse, poderia castigá-la e expulsá-la de casa, como ocorreu com Anne Askew. Contudo, muitas mulheres que estavam engajadas na fé protestante consideravam uma importante missão divulgar a doutrina evangélica, como as que conheceremos a seguir.

CATARINA PARR

1512–1548

SUA BONDADE RARA FAZIA COM QUE TODO DIA FOSSE DOMINGO[6]

> "Fiquei repleta de tristeza com a partida de Vossa Alteza"; "Sua justiça seria embaraçada se eu não partisse antes de me cansar de estar com você"; "Embora fosse o pior lugar do mundo, sua presença o tornaria agradável" (Trechos de cartas da então princesa Elizabeth I para Catarina Parr).[7]

Catarina Parr foi a sexta e última esposa do rei Henrique VIII, que se encantou com suas qualidades intelectuais, a beleza singular, a bondade e a formosura de caráter. Nascida em Londres, em 1512, era a filha mais velha de Thomas Parr, nomeado cavalheiro na coroação do rei, e de Maud Green, dama de companhia da rainha Catarina de Aragão, primeira esposa do rei, em homenagem a quem ela recebeu o nome.

Seu pai morreu quando ela tinha 5 anos, e Catarina foi enviada para morar com o tio, William Parr, que lhe deu uma excelente educação. Ela aprendeu latim, grego,

RAINHAS E MÁRTIRES NA INGLATERRA

línguas modernas e teologia. Além disso, a música tornou-se parte fundamental da sua educação. Teve aulas de teoria musical em vários idiomas e aprendeu a tocar três instrumentos: violão, alaúde e virginal.[8] Essas habilidades a prepararam para a vida na corte, onde serviu a rainha em seus aposentos.

Aos 9 anos, Catarina se tornou aia da princesa Maria Tudor, irmã do rei, e isso lhe permitiu livre circulação pelo palácio, onde se destacou por sua erudição humanista. Parr ficou viúva duas vezes antes de se casar com o rei Henrique VIII. Seu primeiro marido, Edward Borough, morreu cerca de quatro anos após o casamento. O segundo foi John Leville, que arriscou a riqueza e a própria vida ao participar de uma rebelião contra as medidas reformadoras do estadista Thomas Cromwell.[9]

John morreu em 1543 e, pouco tempo depois, tanto Henrique VIII quanto Thomas Seymour, irmão de Jane Seymour, a terceira esposa do rei, se interessaram por Catarina, e ela acabou aceitando o pedido de Henrique VIII. Considerando o modo como ele lidara com as esposas anteriores, executando duas delas, Catarina sabia que recusá-lo poderia trazer graves consequências para ela e sua família.

Catarina Parr foi a única das esposas de Henrique VIII que deu um sentido de família à união conjugal e, por isso, foi amada e respeitada tanto pelo rei quanto por seus filhos. Assumiu o papel de madrasta com muito esmero e exerceu grande influência na criação de seus enteados. A princesa Elizabeth, filha de Ana Bolena, segunda esposa do rei, expressou essa harmonia familiar e o afeto que tinha pela rainha nas cartas que lhe escreveu. Já Eduardo,

150

o caçula, logo se afeiçoou a ela e passou a chamá-la de mãe muito querida.

Envolvimento com a Reforma

> À semelhança de outras mulheres da época, as simpatias de Catarina Parr pela nova fé resultaram do estudo da Bíblia e de textos teológicos. Já em 1543, após a morte do marido, John Neville, Catarina Parr fez de sua casa um refúgio para os reformadores mais zelosos e de maior erudição, que ali discutiam a nova fé protestante, apesar de, nesse mesmo ano, Henrique VIII ter limitado a leitura da Bíblia e intensificado a caça aos hereges.[10]

A dedicação de Catarina Parr à Bíblia e aos escritos devocionais suplantaram a formação católica, a educação humanista, o interesse pela literatura secular e outros passatempos. Foi esse zelo ao estudo bíblico que a fez simpatizar com a nova fé protestante. Agora rainha, Catarina estava sempre na companhia de mulheres eruditas, com as quais podia compartilhar seu interesse pelo aprendizado das Escrituras e pela leitura de textos devocionais. Essa acabou se tornando uma prática comum entre as nobres.

Seu casamento com o rei também lhe proporcionou um contato mais frequente e direto com os reformadores Thomas Cranmer e Hugh Latimer, e isso aumentou seu entusiasmo pelo movimento. Eles partilhavam do posicionamento religioso com a rainha e ansiavam por uma reforma mais profunda e verdadeira — e não um mero cisma com Roma.

Não tardou, porém, para o bispo Gardiner[11] e seus correligionários começarem a temer a influência de Catarina sobre o monarca. Contudo, o rei, em guerra contra a França e tendo de fazer uma aliança com o imperador Carlos V, permaneceu um católico devoto, mesmo com sua ruptura com a igreja de Roma. Ele revogou também as medidas reformadoras que Cromwell havia implementado.

Em 1543, Henrique VIII removeu a Bíblia das igrejas paroquiais e limitou sua leitura aos membros do clero, aos nobres e aos burgueses. Assim, o acesso à Palavra de Deus foi vetado às pessoas do povo, com a justificativa de que não eram capazes de a interpretar.

Quando o rei se ausentou, em razão de sua campanha na França, nomeou Catarina como regente geral do reino e, então, a influência dela se fez sentir na corte. Assumindo uma opção religiosa pró-protestante, fomentou a difusão da Reforma na Inglaterra, defendeu a circulação da Bíblia na língua do povo e combateu os que a isso se opunham.

O temor dos conservadores desencadeou uma série de conspirações, que tinham como objetivo descobrir as atividades consideradas heréticas. Os alvos principais eram Catarina Parr e Thomas Cranmer, os quais os conservadores pretendiam condenar fazendo uso dos *Seis Artigos*.[12] A repressão à doutrina reformada tornou-se cada vez mais feroz na Inglaterra e pôs a rainha em sérios perigos.

Catarina fez um apelo à Universidade de Cambridge, expressando o seu anseio de vê-la se dedicar ao estudo e à aplicação da doutrina cristã: "[...] para que não seja posto contra vós como evidência no tribunal de Deus que tínheis vergonha da doutrina de Cristo; por causa desse exemplo, que me ensinaram a dizer como São Paulo: 'Não me envergonho do evangelho'".[13]

O "Salão Protestante"

> [Catarina Parr foi o] Centro do que poderá chamar-se um "Salão Protestante", precedendo o impacto total da Reforma em Inglaterra, promoveu a publicação de obras sacras e a promoção de pessoas cultas. O seu projeto mais ambicioso foi a supervisão da tradução das *Paráfrases do Novo Testamento*, de Erasmo, que se tornaria, na sua edição mais tardia (1548), um veículo da Reforma, novamente agressiva durante o reinado do seu enteado, o rei Eduardo VI.[14]

Em 1545, Catarina mantinha uma programação diária de atividades religiosas em seus aposentos, e todas as tardes ela, suas aias, amigas e outras pessoas se reuniam para ouvir a pregação de um de seus capelães. Esses encontros, conhecidos como o "Salão Protestante"[15] da rainha, eram frequentados por algumas nobres, que se tornaram patronesses dos reformadores. Alguns líderes reformados também ensinavam nessas reuniões.

A rainha empregava boa parte do tempo à leitura e ao estudo da Bíblia. Ela também mantinha na corte "pessoas bem eruditas e piedosas para instruí-la completamente naquele aprendizado, com as quais, em todos os momentos convenientes, costumava ter uma conferência privada sobre assuntos espirituais".[16]

Catarina não mantinha segredo sobre suas atividades religiosas, nem mesmo do próprio marido, que foi indiferente a isso por algum tempo. Essa aparente tolerância de Henrique VIII fez com que ela ficasse cada vez mais audaciosa, incitando-o, corajosamente, a se livrar dos vestígios papistas que ainda permaneciam.

Em reação a essas mulheres "teólogas", o bispo Gardiner e seus correligionários começaram a propagar rumores sobre uma "conspiração de mulheres", que tinha a rainha e as demais nobres como alvos principais.

Em 1546, o rei Henrique VIII ficou enfermo, o que inquietou os líderes da facção conservadora, que temiam a ascensão do protestantismo após seu eventual falecimento. Eles estavam preocupados com a conivência do monarca com as atividades "heréticas" de Catarina, que exercia cada vez mais influência sobre ele. Ao presenciar uma discussão controversa sobre questões teológicas entre o rei e a rainha, Gardiner aproveitou a oportunidade para alertá-lo quanto à ousadia de Catarina de discordar dele em assuntos religiosos, sugerindo que isso podia ser um indício de divergência em outras questões.

O bispo foi bem-sucedido em persuadir o rei, que lhe permitiu redigir uma acusação contra a rainha e as mulheres da corte por violar os *Seis Artigos*. O objetivo era comprovar os rumores de que elas tinham ligação com autores de obras "heréticas" e possuíam cópias delas.

No entanto, Catarina foi alertada sobre a conspiração pelo seu médico e rapidamente ordenou que todas as obras fossem removidas dos seus aposentos. Em seguida, foi até o rei para convencê-lo de que não havia traição. Henrique VIII aproveitou o momento para testar a esposa, dizendo-lhe que gostaria que ela lhe esclarecesse algumas dúvidas doutrinárias. Catarina, porém, ciente das intenções do esposo e de seu apetite por adulação, defendeu-se afirmando que o rei era mais sábio e superior do que ela e, abaixo de Deus, era a âncora na qual confiava.

O argumento não foi suficiente para persuadir Henrique, que, em tom irônico, disse à rainha que queria ouvi-la, pois ela havia se tornado doutora no assunto. Com calma e habilidade, Catarina recorreu à "inferioridade intelectual feminina" e, admitindo sua dependência do conhecimento proeminente do esposo, alegou que era impróprio para uma mulher assumir o cargo de instrutora do marido.

Com seu discurso lisonjeiro e a ênfase na superioridade e no domínio masculinos, a rainha conseguiu se livrar da execução. O monarca, com o ego afagado, mudou sua fala para um tom dócil, dizendo que continuariam a ser amigos perfeitos novamente, como sempre foram.

Quando o chanceler chegou para prender Catarina, acompanhado de quarenta homens da guarda real e tendo em mãos a acusação assinada pelo rei, deparou com ele e sua rainha conversando afetuosamente. Assim, Henrique VIII não permitiu que nada fosse feito contra sua esposa.

Obras literárias

> As *Prayers or Meditations* rapidamente adquiriram popularidade, com seis edições até ao final do reinado de Eduardo VI. Houve até mesmo uma edição que saiu em 1556, em pleno reinado de Maria I, não obstante o Catolicismo ter sido restaurado. No reinado de Isabel I, houve seis outras novas edições.[17]

Além de defender a distribuição da Bíblia na língua do povo, Catarina desejava que outras obras literárias evangélicas fossem acessíveis a todos e, para isso, comissionou a tradução e se dedicou à escrita de textos devocionais.

Sua primeira obra foi *Prayers or meditations* (*Orações ou meditações*), de 1545, uma compilação de preces e meditações privadas, no estilo devocional clássico. Catarina aplicou muitos dias à pesquisa e à reunião de salmos e meditações de contemplação. Com orações de Salmos e de outras partes da Bíblia, sua obra tinha um caráter cristocêntrico, "para a consolação e a edificação espiritual de todos os que a leem".[18]

O livro se tornou o primeiro publicado por uma rainha inglesa e é uma prova da participação de mulheres nobres na popularização de obras devocionais. Seu preço era acessível, e rapidamente se tornou moda possuir um exemplar. Nas reuniões no "Salão Protestante", servia como um complemento ao estudo das Escrituras.

Outra obra de autoria de Catarina Parr foi *The lamentation of a sinner* (*Lamentação de uma pecadora*),[19] publicada em 1547, após a morte do rei Henrique VIII, na qual seus pensamentos doutrinários são apresentados de forma mais explícita e o conceito de comunhão e relacionamento direto com Deus é abordado como algo fundamental, e não apenas místico. No livro, a rainha lamentou a imensa ignorância do povo nas questões mais necessárias a um cristão e lastimou pecados como a vaidade, a ambição, a avareza, a superstição e a apatia pelas Escrituras. Ela criticou os clérigos ingleses por não fazerem de Cristo seu real alicerce e por não viverem de maneira exemplar, como era esperado dos representantes de Deus.

Catarina defendeu a autoridade absoluta da Bíblia e argumentou que nada precisava ser adicionado aos seus ensinos. Enfatizou a doutrina da justificação pela fé e declarou que as boas obras não contam para a salvação. Também escreveu sobre a imensurável bondade divina demonstrada ao enviar Jesus para morrer na cruz, redimindo dessa forma a humanidade.

Alguns meses depois da morte do rei, Catarina se casou com seu grande amor, Thomas Seymour. Contudo, a união não foi o que ela esperava, pois Seymour estava mais interessado nos bens dela e em sua enteada adolescente Elizabeth, que o atraía sexualmente. Mesmo assim, depois de três casamentos, ela engravidou pela primeira vez e deu à luz à menina Maria. Logo, porém, adoeceu de uma severa febre puerperal, que resultou em seu falecimento, no dia 5 de setembro de 1548.

Catarina foi sepultada na capela do Castelo de Sudeley, em Gloucestershire. Ela teve grande influência na propagação da fé protestante na Inglaterra. Seu "Salão Protestante" incentivou outras mulheres nobres a se tornar patronesses do protestantismo, a prover uma melhor educação aos filhos e a transmitir um legado precioso às gerações seguintes de reformadoras.

ANNE ASKEW

1521–1546

UMA VIDA ETERNA COROA AS SUAS CINZAS[20]

> Portanto, aquela que não pôde ser vencida por quaisquer tormentos, finalmente moribunda, dissolve-se entre as chamas: *uma vida eterna coroa as suas cinzas!*[21]

Ao redor da rainha Catarina Parr estavam mulheres fiéis que também lutaram pela fé protestante. Uma delas foi a mártir Anne Askew. Nascida em 1521, em Lincolnshire, na Inglaterra, como a quarta de cinco filhos de Willian Askew, rico latifundiário e cortesão de Henrique VIII, e de Elizabeth Wrotessley. Além de o pai de Anne servir na corte, ele compartilhava estreitos laços de amizade com o rei.

Poucos anos depois do nascimento de Anne, sua mãe morreu, e não há muitos registros de sua infância nem de quando exatamente se tornou protestante. O que se sabe é que a sua conversão se deu como resultado de leitura bíblica.

Anne e seus irmãos foram educados de acordo com os padrões humanistas cristãos, e ela se tornou uma mulher que "tinha uma mente inquisitiva, grande fé e sinceridade, e estava disposta a se levantar e pregar, apesar de saber que, como uma mulher de posição social elevada, isso atrairia a atenção das autoridades".[22]

Por questões financeiras, Anne foi forçada a se casar com Thomas Kyme, um católico, filho de um latifundiário rico. No entanto, após Anne se converter ao protestantismo, seu esposo passou a hostilizá-la, provavelmente sob influência dos clérigos católicos da cidade, até que a expulsou de casa. Anne, então, decidiu que queria o divórcio e, para reivindicar esse pedido, no final de 1544 seguiu para Londres, deixando seus dois filhos. Depois de sofrer muitas perseguições, até mesmo por parte do marido, ela percebeu que não conseguiria concretizar a separação e abandonou a ideia. Porém, voltou a usar o sobrenome de solteira, Askew.

Anne era inteligente e aprendia com facilidade. Seu acesso à leitura e ao estudo das Escrituras a levaram rapidamente a descobrir inúmeras contradições entre as doutrinas e práticas da igreja católica e os ensinos contidos na Bíblia.

Em Londres, Anne teve a oportunidade de assistir a sermões de reformadores e de participar de reuniões em que a nova fé era debatida. É bem provável que tenha feito parte do "Salão Protestante" da rainha Catarina Parr, embora não se possa afirmar com toda certeza. As perseguições sofridas por Anne foram ainda maiores por causa de sua suposta relação com a rainha.

Anne se recusava a ficar em silêncio quando havia debates públicos. Ao viajar para Londres a fim de resolver questões relativas ao seu desejo de se divorciar, também o fez para pregar. Era uma tarefa difícil, pois as mulheres não tinham voz em questões políticas ou religiosas e, se quisessem discutir ou saber sobre esses assuntos, deviam fazê-lo apenas com seus pais, maridos e irmãos.

Prisões, interrogatórios e torturas

> Conduziram-me depois para uma casa e deitaram-me numa cama. Estava com os ossos tão cansados e doloridos como os do paciente Jó. Agradeço a Deus por isso. Então Milorde Chanceler mandou-me um recado. Se eu abandonasse minha opinião, nada me haveria de faltar; caso contrário, eu seria de imediato enviada para Newgate[23] e depois queimada. Tornei a responder-lhe que preferia morrer a ir contra a minha fé.[24]

Nos últimos anos do reinado de Henrique VIII, seu zelo pelo catolicismo recrudesceu, o que favoreceu a prisão de Anne, cujas atitudes e visão protestantes eram ainda mais inadmissíveis por ela fazer parte da nobreza. E, como nada a convencia a desistir de defender sua fé e pregar para quem quisesse ouvir, em 1545 ela foi presa pela primeira vez e acusada de violar os *Seis Artigos*, que aboliam a diversidade de opiniões e reforçavam as leis existentes contra a "heresia da Reforma".

Nesses artigos se enfatizava a doutrina católica tradicional como a base da fé para a igreja inglesa e prescreviam-se penalidades graves para quem se manifestasse contra a doutrina da transubstanciação.[25] O documento também condenava os que se posicionassem contra "a validade da confissão auricular, a santidade dos votos monásticos, a comunhão numa só espécie, a justeza das missas privadas e a legitimidade do celibato clerical".[26]

O primeiro dos *Seis Artigos* já era bem severo, a fim de intimidar os membros da nova "seita": "Qualquer um que por palavra escrita (ou impressa) depravar ou desprezar o dito sacramento bendito deve sofrer julgamento, execução, dor e a morte por meio da fogueira".[27]

A respeito de sua primeira prisão, Anne escreveu: "Insistiram, pedindo que eu confessasse que o sacramento era corpo, sangue e ossos. Disse eu então que era uma grande vergonha aconselharem-me a confessar uma verdade contrária àquilo que eles mesmos sabiam".[28] Ela se manteve firme no que cria, sem se intimidar com nada, e só foi solta porque seus familiares e amigos usaram da influência como nobres e apelaram por sua liberdade.

Anne relatou o que ocorreu durante as vezes em que foi presa, e esses escritos são conhecidos como *Confissões de Anne Askew*. Ela foi liberada sem dizer nada que a condenasse, sem denunciar nenhum outro membro da nova "seita" e, principalmente, sem negar em nenhum momento a sua fé na verdadeira doutrina evangélica.

Os dias que passou na prisão não fizeram com que Anne desistisse de suas crenças, nem que deixasse de pregar e compartilhar sobre elas. Como consequência, no ano seguinte, foi presa novamente sob a mesma acusação de heresia. Ela foi questionada incansavelmente durante dois dias. Os interrogatórios eram feitos de forma traiçoeira e dissimulada, na tentativa de deixá-la confusa e fazê-la denunciar outros membros da corte. O objetivo era, especialmente, que entregasse as mulheres nobres, sobretudo a rainha Catarina Parr. No entanto, os esforços foram em vão e, aos que queriam que ela confirmasse o nome de certas pessoas, sua resposta foi que não seria capaz de provar se dissesse algo contra elas.

Como não obtiveram sucesso em fazê-la revelar os nomes dos companheiros de fé, eles lhe indagaram quanto à provisão de comida e dinheiro que recebera enquanto estava na prisão, alegando que vieram de mulheres que apoiavam a sua "seita". Anne, porém, sempre respondia de forma vaga, o que resultava em mais torturas. Em seu relato sobre o interrogatório, narrou que, pelo fato de não ter acusado nenhuma dama da corte, ficou muito tempo ali e foi torturada até quase morrer.

A aceitação de Anne quanto ao que a aguardava por não negar sua fé era apenas parte de sua coragem. Interrogada pelas autoridades, não demonstrava medo ou timidez; ao contrário, apresentava uma conduta às vezes audaciosa. Ela citava as Escrituras de forma direta e pragmática, fazendo, inclusive, uma analogia de sua perseguição com o apedrejamento de Estêvão.

As respostas que dava a qualquer questão eram sempre mais inteligentes do que as dos inquiridores, o que mostrava o pouco conhecimento que tinham das coisas espirituais. Sobre as perguntas que não respondeu, registrou: "Eu respondi que não jogaria pérolas aos porcos".[29]

Mesmo tentando não incriminar a si mesma ou a outros, Anne foi cuidadosa em não comprometer a sua fé nas duas vezes em que foi presa. Sua única retratação incluía as palavras: "Se Deus quiser", em relação às ameaças do inquiridor. Falava assim crendo que aquilo não era a vontade de Deus. Em todo o tempo, baseou sua defesa na Bíblia, enfatizando a cada momento a supremacia do livro sagrado.

Anne sempre afirmava que cria de acordo com o que as Escrituras lhe ensinavam. Ela também era mordaz ao criticar a Igreja Católica e, indagada se era verdade que ela preferia ler cinco linhas da Bíblia a ouvir cinco missas na igreja, confessou: "Dissera aquilo mesmo, não em menosprezo à Epístola ou à missa, mas porque a leitura da Bíblia muito me edificava e a missa não me edificava nada".[30]

Sua negação da transubstanciação corroborou para que sua segunda passagem pela prisão fosse mais cruel. Muitos haviam sido queimados por negar a "presença real" na sagrada comunhão, pois a negação ia contra o que estava nos *Seis Artigos* do rei. Contudo, isso não intimidou a corajosa Anne. Ela cria receber o pão em memória da morte de Cristo e em ação de graças.

Para a ira de seus examinadores, Anne não só demonstrou muito conhecimento bíblico, mas ainda acrescentou notas de qualidade ao texto da declaração de fé que foi obrigada a assinar.

Condenação e morte

> Ó carrasco! Por que é que, cruelmente,
> com mãos criminosas, em vão, torturas
> os membros de uma jovem
> mais valente do que tu?
> A sua piedade brilha mais fortemente
> oprimida por estes tormentos, nem a
> verdade será
> abalada por quaisquer cadeias, mas antes gastas
> cairão de cansaço.
> Enfurecido, o carrasco tortura-a com grande raiva:

> aquela mulher jaz por terra com os
> grilhões soltos, para que denuncie as
> companheiras da fé.
> Mas ela não pronuncia qualquer nome.
> Resiste. Aqueles, abismados,
> enfurecem-se, arrastando-a:
> Nada conseguem.
> Os ossos enfraquecidos cedem nas
> articulações desconjuntadas: nada daquele
> corpo virtuoso foi quebrado. Só restava aos
> tiranos uma parte.
> Apenas a língua, sem qualquer ferida, podia
> mover-se: enquanto liberta as companheiras do
> perigo, a jovem morre, envolvida por uma
> aura de serenidade.[31]

Anne foi levada de Newgate para a Torre de Londres, onde foi novamente torturada. Mesmo assim, não delatou ninguém. Como o objetivo principal por trás do suplício dela era fazer com que mencionasse o nome da rainha Catarina Parr, seus inimigos se asseguraram de que ela fosse cruelmente tratada, acreditando que "entregaria" a esposa do rei. Muitos outros que também sofreram no balcão de tortura[32] já haviam citado o nome de Catarina. Portanto, se Anne também o fizesse, isso daria respaldo para a condenação da rainha. Ela, porém, não disse nada.

Não era do interesse das autoridades executar Anne, pois temiam que sua postura firme diante da morte serviria somente para fortalecer ainda mais a causa dos reformadores. Pela lei, era proibida a tortura de mulheres da aristocracia, e o fato de Anne pertencer à pequena nobreza

RAINHAS E MÁRTIRES NA INGLATERRA

agravava ainda mais a situação. Prova disso é que, no dia marcado para sua execução, ainda lhe foram entregues cartas de perdão, caso ela se retratasse e negasse sua crença.

Naquela época, as mulheres nobres eram muito ativas, tanto as católicas quanto as protestantes, e o exemplo de Anne só incentivaria que mais mulheres se engajassem na luta por sua fé. Assim, ela recusou as cartas de perdão.

No dia 16 de julho de 1546, aos 25 anos, Anne foi queimada na fogueira. Como resultado de tanta tortura, incapaz de andar, ela precisou ser carregada em uma cadeira até o local de sua morte. Foi presa à estaca pela corrente que a amarrava e executada junto com sete outras pessoas que negavam a transubstanciação.

Enquanto os "hereges" eram consumidos pelo fogo, um homem pregava um sermão para uma multidão. Quando o pregador disse algo com o qual Anne não concordava, ela teve uma última oportunidade de demonstrar sua coragem, ao afirmar: "Observem. Ele erra, e fala sem o livro".[33] Como um ato de compaixão, a rainha Catarina Parr mandou que pólvora fosse posta na fogueira e no pescoço de Anne, para que sua morte fosse mais rápida e ela sofresse menos. Nem diante do fim Anne se abalou: manteve-se firme e não se retratou a fim de obter o perdão do rei.

Muitas pessoas se reuniam quando havia execuções de mártires em Smithfield, e nesse dia estavam ali aqueles que sentiam prazer em assistir à crueldade, algozes papistas e outras personalidades. Contudo, lá também se encontravam os amigos de Anne, que testificaram sua coragem, firmeza e constância na fé inspiradoras. Essas testemunhas oculares foram muito importantes para que a verdadeira história dela fosse contada, uma vez que os relatos históricos oficiais registrariam algo diferente a fim de desmerecer sua heroica entrega sacrificial.

A publicação das *Confissões de Anne* por John Bale, em 1547, contribuiu para a preservação da memória de Anne. O posicionamento da mártir contra a igreja estabelecida deixou um legado que não foi esquecido pelos primeiros reformadores. Eles viram na constância de sua fé a força de Deus manifestada por meio de sua fraqueza e um exemplo singular de fidelidade cristã.

Acredita-se que a execução de Anne acabou influenciando mil novas conversões. A jovem se tornou inspiração e consolo para as demais mulheres perseguidas, tanto em sua época como nos anos seguintes, ao manter-se em silêncio, não denunciando as companheiras de fé, e ao confrontar os absurdos que a igreja oficial impunha. Hoje, Anne Askew é lembrada por seu martírio em defesa do que as Escrituras lhe revelaram sobre seu Deus e Senhor.

JANE GREY

1537–1554

RAINHA POR POUCOS DIAS, MAS ETERNAMENTE FILHA DO REI[34]

> Se a justiça foi feita com meu corpo, minha alma encontrará a misericórdia em Deus. A morte trará dor ao meu corpo pelos seus pecados, mas a alma será justificada perante Deus. Se as minhas falhas merecem punição, pelo menos minha juventude e minha imprudência foram dignas de perdão; Deus e a posteridade me mostrarão favor.[35]

Após a morte de Henrique VIII, Eduardo VI, seu único filho homem, foi coroado rei em seu lugar, com apenas 9 anos. Ele havia sido educado na fé evangélica pela madrasta, Catarina Parr, e por piedosos conselheiros que o auxiliavam enquanto crescia. Eduardo tinha o desejo de que seus súditos aprendessem o verdadeiro cristianismo, mas, infelizmente, morreu antes que pudesse realizar algo notável.

No entanto, sua prima Jane Grey, que assumiu o trono em seu lugar, era uma cristã genuína e foi uma grande defensora do protestantismo. Não foi, porém, seu curto reinado que marcou a história, mas, sim, seu martírio, prova de sua fé no Deus verdadeiro.

Infância

> Lady Jane Grey é outro exemplo de excelência de educação humanista feminina. Os pais [...] impuseram-lhe uma rigorosa educação, aparentemente por nutrirem esperanças no eventual casamento da filha com o príncipe herdeiro, Eduardo Tudor. O primeiro tutor de Lady Jane Grey foi Master Harding, capelão do pai, que lhe ensinou latim, línguas modernas (espanhol e francês) e teologia. Lady Jane era uma aluna empenhada e brilhante. De John Aylmer, seu outro tutor, dizia considerar o tempo que com ele passava um dos maiores benefícios que Deus lhe concedia.[36]

Jane Grey nasceu em 1537, em Leicestershire, na Inglaterra. Era filha dos duques de Suffolk, Henry Grey e Frances, filha de Maria Tudor, irmã de Henrique VIII. Portanto, Jane era sobrinha-neta do rei. Ela recebeu seu nome em homenagem à então rainha, Jane Seymour, terceira esposa de Henrique e mãe de Eduardo VI.

Jane Grey era a quarta na linha de sucessão ao trono, logo após os três filhos do rei Henrique. No entanto, os pais de Jane, que aspiravam uma posição superior entre os nobres, tinham a ambição de que a filha conquistasse a coroa de forma rápida e garantida, por meio de seu casamento com Eduardo.

Para que tivessem êxito em seus planos, os pais de Jane se asseguraram de que ela tivesse uma educação rígida e apropriada à linhagem real, dominando línguas como latim, grego, francês e italiano, o que a tornaria uma boa pretendente ao futuro rei.

Naquela época era muito comum que os jovens fossem levados para viver na casa de famílias de status social mais elevado, a fim de lhes garantir uma educação melhor. Era também uma forma de conseguir boas posições na corte para os filhos e melhores casamentos para as filhas. Assim, os pais de Jane a deixaram, com apenas 9 anos, sob a tutela da rainha Catarina Parr.

A pequena Jane passou dois anos sob os cuidados da rainha, justamente no período de maior zelo religioso na corte. Ela participava do "Salão Protestante" de Parr e foi "sob a influência das práticas humanistas cristãs dos elementos do 'Salão' protestante de Catarina Parr, para quem a leitura da Bíblia era de importância central à devoção cristã, que Lady Jane Grey desenvolveu a sua apetência pelos estudos humanistas e se converteu à fé protestante".[37]

Com a morte de Henrique VIII, porém, Jane voltou para a casa dos pais. Para eles, a filha se tornara um sinal de fracasso, pois seus "esforços" em fazê-la rainha tinham sido em vão, e passaram a tratá-la de forma indiferente. Contudo, a jovem não se deixou abater e encontrou refúgio nos estudos, principalmente nos das Escrituras.

Casamento e coroação

> John Dudley fez com que o pai e a mãe de Jane
> a obrigassem a se casar com seu filho Guildford.
> Guildford Dudley é geralmente descrito como

> uma pessoa fraca, um tipo de jovem ingênuo,
> influenciável e desengonçado [...]. Ninguém
> realmente sabe o suficiente sobre Guildford para
> dizer. De qualquer forma, Jane foi forçada a se
> casar com ele.[38]

Não foi apenas o seu retorno para casa que frustrou os planos dos pais, mas também o fato de que o jovem rei Eduardo VI tinha a saúde frágil. Ele contraíra sarampo e, antes de se recuperar, apresentou sintomas de tuberculose, doença da qual nunca se livrou. Com o passar do tempo, ficou evidente que não chegaria à fase adulta, e o sucessor ao trono passou a ser motivo de preocupação.

Sua irmã Maria Tudor era a seguinte na ordem de sucessão, pois Eduardo era jovem e não tinha herdeiros. O então primeiro-ministro, John Dudley, temia que, se Maria fosse coroada rainha e pusesse o catolicismo novamente na linha de frente, ele correria riscos por apoiar os protestantes.

Para evitar que isso acontecesse, Dudley arquitetou um plano para manter seu poder e status. Jane era sua esperança, pois, como quarta na linha de sucessão, era a opção mais viável para garantir que uma rainha protestante assumisse o trono. Portanto, ele convenceu os pais dela a permitir que a jovem se cassasse com seu filho Guildford. Eles aceitaram, mesmo contra a vontade da filha, que só cedeu após ser surrada pela mãe e insultada e amaldiçoada pelo pai. Por fim, eles se casaram, em 25 de maio de 1553.

Sabendo que Eduardo estava em seus últimos dias, John Dudley o influenciou a mudar o testamento do pai, Henrique VIII, deserdando as duas meias-irmãs, Maria e Elisabeth, e declarando Jane Grey como sua herdeira e sucessora. Apenas algumas semanas depois do casamento de Jane, Eduardo morreu, aos 15 anos, e os planos de Dudley se concretizaram.

Jane ficou sabendo da morte de seu primo somente três dias depois, quando foi chamada à casa do primeiro-ministro. Ao chegar ali, pouco a pouco o local se encheu de pessoas conhecidas, familiares e membros do conselho privado, "todos jurando defender, com a própria vida, o direito dela ao trono".[39]

A jovem, que já estava muito comovida com o falecimento de Eduardo, ficou ainda mais chocada ao saber que fora proclamada rainha. A emoção foi tanta que Jane chegou a desmaiar. Reanimada, ela se recusou a assumir a posição, alegando que Maria era quem tinha o direito de ser rainha. Porém, Dudley mencionou o testamento de Eduardo e a acusou de estar agindo de forma indevida consigo mesma e com sua família.

Seus pais exigiram que Jane concordasse e, diante da pressão, ela se ajoelhou em oração e afirmou que aceitaria a posição, já que era legítima e que contava com a graça de Deus para governar — para sua glória e serviço e para o benefício do reino. O povo recebeu com surpresa a notícia de que Jane Grey era a nova rainha da Inglaterra, pois ela não era muito conhecida e Maria era vista como a verdadeira herdeira.

O reinado de Jane durou apenas dez dias, de 9 a 19 de julho de 1553. Nesse período, ela participou de poucos compromissos e assinou alguns documentos. Seu marido lhe pediu que o fizesse rei, no intuito de garantir aos pais a posição política que desejavam, mas ela recusou o pedido.

A princesa Maria, ao saber da coroação de sua prima, enviou um de seus homens para ordenar a Dudley que proclamasse por toda a Inglaterra que ela era a nova rainha. Ele se recusou, reafirmou o direito de Jane à coroa inglesa e obrigou Maria a lutar por ela.

A maioria dos políticos não viu a disputa com bons olhos, e Maria obteve o apoio de muitos. Ela seguiu para Londres acompanhada de tropas de soldados, a fim de tomar o trono de Jane. Seu poder era tão grande que quase todos pararam de apoiar Dudley e a reconheceram com facilidade como a rainha legítima.

Jane se sentiu aliviada por ser deposta, e estava pronta a voltar para casa. No entanto, a nova rainha, que mais tarde se tornou Maria I, a enviou à prisão em outra ala da Torre de Londres, mandando prender também seu marido, Guildford, seu sogro, John Dudley, e alguns correligionários, todos acusados de traição.

Da prisão ao martírio

> Pai, embora tenha agradado a Deus acelerar minha morte através de ti, por quem minha vida deveria ter sido prolongada, ainda assim posso suportá-la com muita paciência. Minha sincera gratidão a Deus é maior por encurtar meus dias tristes, mais do que se possuísse todos os reinos do mundo, com toda uma vida longa ao meu dispor. [...] E assim, bom pai, confesso-te meu atual estado, cuja morte está próxima, embora isso talvez possa te parecer bem lamentável, para mim não há nada que possa ser mais bem-vindo do que deste vale de miséria aspirar aquele trono celestial cheio de alegria

> e prazer com Cristo nosso Salvador. Em cuja fé
> inabalável, se for lícito à filha assim dizer ao pai,
> ela o admoesta a não apostatar do Senhor que
> até agora te fortaleceu, e continues assim para
> que por fim possamos nos encontrar no céu com
> o Pai, o Filho e o Espírito Santo (última carta de
> Jane ao seu pai).[40]

John Dudley, interessado no perdão real, logo se retratou de suas crenças protestantes, afirmando ter cometido um erro. Sua reivindicação do direito de ir à missa foi prontamente atendida. No entanto, ele não conseguiu escapar da morte e foi decapitado no mês seguinte.

O julgamento de Jane e seu marido ocorreu em 13 de novembro. Ambos foram considerados culpados e receberam a sentença de morte. O pai de Jane, por sua vez, se envolveu em uma rebelião para evitar que Maria se casasse com o rei Filipe II da Espanha, mas, sem contar com o apoio da população londrina, a revolta fracassou.

A condenação de Jane e Guildford foi confirmada, e o pai dela foi executado. A rainha Maria I, porém, estava interessada em "salvar" a alma da prima e, por isso, mandou um dos capelães mais capacitados, John Feckenham, para convencê-la de seus erros teológicos. Ele era um católico experiente e já havia debatido com muitos teólogos protestantes. Como Jane era jovem, é possível que ele acreditasse que seria fácil usar seus argumentos para demonstrar os enganos dela. Mas não foi o que aconteceu.

Jane registrou a conversa logo após o capelão se retirar. Eles discutiram os principais pontos de divergências entre o catolicismo e o protestantismo:

Feckenham: Não há nada mais necessário em um cristão além de crer em Deus?

Jane: Sim, devemos crer nele e amá-lo de todo o coração, de toda a nossa alma e de todo o nosso entendimento, e ao nosso próximo como a nós mesmos.

Feckenham: Por que, então, a fé não justifica nem salva?

Jane: De fato, somente a fé (como São Paulo afirma) justifica. [...].

Feckenham: Por que, então, é necessário fazer boas obras para a salvação e crer apenas não é suficiente?

Jane: Isso eu nego e afirmo que somente a fé salva. Mas é apropriado para os cristãos, como sinal de que eles seguem seu mestre, Cristo, fazer boas obras, mas, apesar disso, não podemos dizer que elas tenham proveito para a salvação. Pois, embora todos nós façamos tudo o que podemos, ainda assim somos servos inúteis, e somente a fé no sangue de Cristo salva.[41]

O capelão também a questionou sobre a Ceia, afirmando que os elementos eram o próprio corpo e sangue de Cristo, e que as palavras do mestre confirmavam isso: "Tomai, comei: isto é o meu corpo".[42] Feckenham perguntou se Cristo, com seu poder, não poderia fazer esse milagre, assim como fez outros. Jane respondeu:

Sim, de fato, se Deus desejasse fazer um milagre em sua ceia, poderia ter feito, mas afirmo que ele não tinha em mente qualquer obra ou milagre além de partir seu corpo e derramar seu sangue na cruz pelos nossos pecados. Mas peço que você me responda a esta única pergunta: Onde estava Cristo quando disse: "Tomai, comei, isto é o meu corpo"? Ele não estava à mesa quando disse isso? Ele estava vivo naquele momento, e só no dia seguinte começou o sofrimento. Bem, o que ele tomou a não ser pão? E o que ele partiu a não ser pão? E o que ele deu além de pão? Veja, o que ele tomou, ele partiu; e veja, o que ele partiu, ele deu; e veja, o que ele deu, foi isso que eles realmente comeram; no entanto, tudo isso enquanto ele mesmo estava na ceia perante os seus discípulos; se não foi assim, eles foram enganados.[43]

Indagada sobre quantos sacramentos existiam, Jane disse que apenas dois: o batismo e a ceia do Senhor. Percebe-se com isso a diferença da prática luterana, que, a princípio, aceitava também o sacramento da penitência e, atualmente, denomina os sete sacramentos de ritos.

O experiente capelão não conseguiu que Jane mudasse de ideia quanto ao que cria; pelo contrário, suas respostas bem articuladas mostravam sua convicção e seu conhecimento verdadeiro das Escrituras. Sem sucesso, Feckenham encerrou a conversa e se despediu de forma pesarosa, dizendo: "Tenho certeza de que nunca mais nos encontraremos". Jane lhe respondeu: "É verdade que nunca nos encontraremos, a não ser que Deus transforme seu coração; pois estou certa de que, a menos que você se arrependa e se volte para Deus, você está em uma má situação".[44]

Na véspera de sua morte, Jane escreveu uma última carta ao pai e à irmã. A ela expressou: "Ao se aproximar a minha morte, alegre-se como eu, boa irmã, que eu seja liberta desta corrupção e levada à incorrupção. Pois estou certa de que, ao perder uma vida mortal, ganharei a vida que é imortal".[45]

RAINHAS E MÁRTIRES NA INGLATERRA

No dia da execução, 12 de fevereiro de 1554, o marido pediu para vê-la, e Jane não quis. Ela alegou que isso só aumentaria a dor deles e que em breve se encontrariam na eternidade. Contudo, ela não conseguiu deixar de chorar e gritar o nome dele ao ver seu corpo já decepado passar por ela.

Feckenham, que havia se comovido com os argumentos de Jane, estava ao seu lado no dia da execução, assim como outros capelães católicos. Ela dirigiu algumas palavras a eles e assegurou que morria como uma cristã genuína. Perguntou ao capelão se podia recitar o salmo 51, e ele permitiu. Assim, Jane se ajoelhou e o recitou em inglês para que todos os presentes entendessem, e Feckenham o repetiu em latim.

Logo depois, Jane lhe disse: "Rogo a Deus que ele lhe recompense abundantemente por sua bondade em meu favor".[46] Sem palavras para responder, Feckenham começou a chorar. Percebendo sua angústia, ela lhe deu um beijo no rosto e segurou sua mão. Por alguns instantes, o capelão católico romano e a rainha protestante deposta permaneceram de mãos dadas.

O momento de sua execução foi tão comovente que até o carrasco lhe pediu perdão. Ajoelhada e de olhos vendados, Jane não conseguia achar o cepo. Aflita com a situação, indagava, com voz fraca, onde devia se posicionar. Somente depois de alguns instantes de tensão, John Brydges, o barão de Chandos, que era o tenente da Torre de Londres, responsável pelos prisioneiros, a ajudou a colocar o pescoço sobre o tronco de execução.

Jane Grey gritou suas últimas palavras com voz nítida: "Senhor, em tuas mãos entrego o meu espírito". E foi executada logo em seguida. Ela tinha apenas 16 anos e, mesmo tão jovem, buscou servir a Deus de todo o coração. Foi uma ávida conhecedora e praticante das Escrituras, que não mudou sua conduta ao ser coroada rainha, e sua fé não enfraqueceu quando se tornou prisioneira. Ela foi fiel até o fim e morreu como mártir. Sua morte teve muito mais impacto que seu breve reinado. Jane viveu poucos anos, mas partiu confiando que viveria eternamente junto de seu Salvador.

As **MULHERES ENFOCADAS** neste capítulo estavam acostumadas a viver na corte, e os palácios eram seu ambiente natural. Nesses locais suntuosos e frequentemente governados por interesses mundanos, elas permitiram que a luz de Cristo entrasse e brilhasse. Essas mulheres deixaram por escrito seus testemunhos de devoção a Deus, seus interrogatórios e até um poema antes da morte (alguns trechos fazem parte do apêndice), em um legado de amor às Escrituras, lealdade a Cristo e firmeza de fé, mesmo enfrentando perseguições, críticas, torturas, fogo e machado.

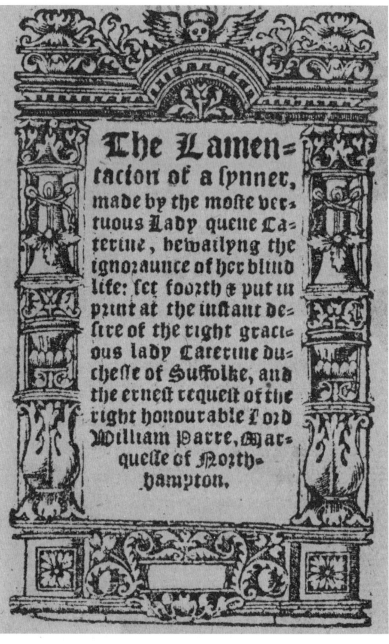

Folha de rosto de *Lamentação de uma pecadora*, de Catarina Parr.[1]

APÊNDICE

VOZES EXPRESSAS
EM TEXTOS
SELECIONADOS

As suas cartas, poemas, discursos e tratados colocam-nas a par dos humanistas da época. Marcam um elevado padrão para os empreendimentos acadêmicos femininos, poucas vezes atingido antes da era contemporânea.[2]

AS MULHERES REFORMADORAS, em seus múltiplos papéis, também escreveram — contos, cartas, poesias, meditações e outros tipos de texto, que destacamos neste apêndice. O conto de Margarida de Navarra traz aspectos culturais e religiosos da época e demonstra como é importante crer em um Deus perdoador e misericordioso. A carta de Maria Dentière revela sua vontade de contribuir com o conhecimento teológico, com foco no fato de que todos somos imperfeitos e, portanto, não se deveria criticar tanto as mulheres — até porque nenhuma jamais traiu Jesus e, sim, um homem: Judas. Os textos de Argula von Grumbach e Catarina Zell em que confrontam os ministros por seguirem as tradições dos homens e não os mandamentos de Deus são dignos de nota e aplausos, mesmo que, em vida, só tenham recebido reprimendas e humilhações. A resposta de Joana d'Albret, quando intimidada e ameaçada, é reflexo de sua segurança e fé em Deus. E as poesias e meditações que brotam das almas rendidas a Cristo por outras reformadoras são maravilhosas e inspiradoras.

Heptameron,[3] de Margarida de Navarra — Conto 23

A confiança imerecida de um cavalheiro de Périgord nos religiosos da Ordem de São Francisco (cordeliers)[4] *é a causa de sua morte, de sua esposa e de seu filho recém-nascido.*

APÊNDICE

Em Périgord morava um senhor cuja devoção a São Francisco era tal que, aos seus olhos, todos os que vestiam o manto daquele santo deviam ser tão santos quanto o santo fundador de sua ordem. Para homenagear este último, ele havia providenciado quartos e armários em sua casa para a hospedagem dos monges franciscanos, e conduzia todos os seus negócios por meio de seus conselhos, até mesmo para os assuntos domésticos mais insignificantes, acreditando que prosseguiria no caminho certo se seguisse guias tão bons.

Aconteceu que a esposa desse cavalheiro, que era uma bela mulher e tão discreta quanto virtuosa, deu à luz a um belo garoto, pelo que o amor de seu marido por ela foi duplicado. Um dia, a fim de agradar sua esposa, ele mandou chamar um de seus cunhados e, quando se aproximava a hora do jantar, chegou também um *cordelier*, monge franciscano, cujo nome manterei em segredo por consideração à sua ordem. O cavalheiro ficou muito satisfeito ao ver seu pai espiritual, com quem não tinha segredos, e depois de muita conversa entre sua esposa, seu cunhado e o monge, eles se sentaram para jantar. Enquanto estavam à mesa, o cavalheiro lançou os olhos sobre sua esposa, que era realmente bonita e graciosa o suficiente para ser desejada por um marido, e então fez esta pergunta em voz alta ao digno pai espiritual:

— É verdade, pai, que um homem comete pecado mortal se se deitar com a mulher quando está de resguardo?

O digno pai, cuja fala e semblante desmentiam seu coração, respondeu com um olhar zangado:

— Sem dúvida, senhor, considero este um dos maiores pecados que podem ser cometidos na condição de casado. A bem-aventurada Virgem Maria não entraria no templo até que os dias de sua purificação fossem cumpridos, embora ela não precisasse deles; e se ela, a fim de obedecer à lei, se absteve de ir ao templo onde estava todo o seu consolo, tu com certeza não deves deixar de te abster de tão leve prazer. Além disso, os médicos dizem que há um grande risco para a prole assim gerada.

Quando o cavalheiro ouviu essas palavras, ficou muito abatido, pois esperava que o bom frade lhe desse a permissão que ele buscava; no entanto, não disse mais nada. Enquanto isso, o digno pai, que havia bebido mais do que o necessário, olhou para a senhora, pensando consigo mesmo que, se fosse seu marido, não pediria conselho a nenhum frade antes de deitar-se com ela; e, assim como um fogo se acende aos poucos até que por fim envolve toda a casa, este monge começou a arder com tanta luxúria que de repente resolveu satisfazer um desejo que por três anos carregara escondido em seu coração.

Depois que as mesas foram retiradas, ele pegou o cavalheiro pela mão e, conduzindo-o até a cabeceira de sua esposa, disse-lhe na presença dela:

— Sabendo, meu senhor, como eu, do grande afeto que subsiste entre ti e esta senhora, compadeço-me dos grandes sentimentos que vossa grande juventude inspira em ambos. Portanto, estou determinado a te contar um segredo de nossa sagrada teologia, que é: embora a regra seja tornada assim tão rigorosa em razão dos abusos cometidos por maridos indiscretos, ela não é tão rigorosa com aqueles que são de sã consciência como tu. Se então, senhor, antes, eu afirmei em toda a severidade o mandamento da lei, eu agora vou te revelar, que és um homem prudente e brando também. Sabe então, meu filho, que há mulheres e mulheres, assim como há homens e homens. Minha

APÊNDICE

senhora deve nos dizer, agora, se três semanas depois de seu parto o fluxo de sangue cessou completamente.

A senhora respondeu que sim.

— Então — disse o frade —, permito que te deites com ela sem escrúpulos, desde que estejas disposto a me prometer duas coisas.

O cavalheiro respondeu que estava disposto.

— A primeira — disse o bom padre — é que não fales com ninguém sobre este assunto, mas vem aqui em segredo. A segunda é que não venhas antes de duas horas depois da meia-noite, para que a digestão da boa senhora não seja prejudicada.

Essas coisas o cavalheiro prometeu observar e confirmou sua promessa com um juramento tão forte que o monge, sabendo que ele era mais tolo do que mentiroso, não duvidou de que manteria sua palavra.

Depois de muita conversa, o bom pai retirou-se para seu quarto, dando-lhes boa noite e uma bênção abundante. Mas, enquanto ia indo, ele pegou o cavalheiro pela mão e disse:

— Certamente, senhor, é hora de te retirares e deixares tua senhora descansar.

Em seguida, o cavalheiro a beijou e lhe disse na presença do bom padre para deixar a porta aberta.

E então cada um se retirou para seu próprio quarto.

Ao chegar ao seu quarto, o bom monge pensou em tudo menos em dormir. Assim que todos os ruídos da casa cessaram, foi o mais suavemente possível direto para o quarto da senhora, por volta da hora em que costumava ir às matinas, e, encontrando a porta aberta na expectativa da chegada do senhor, entrou, habilmente apagou a luz e rapidamente deitou-se na cama com a senhora, sem dizer uma palavra.

A senhora, acreditando que ele era seu marido, disse:

— Como é isso, amor? Isto não é o que prometeste ontem à noite ao nosso bom pai, quando disseste que não virias aqui antes das duas horas.

O frade, que estava mais ávido de ação do que de contemplação, e que, além disso, temia ser reconhecido, pensava mais em satisfazer os desejos ímpios que havia muito envenenavam seu coração do que em lhe dar qualquer resposta; e a senhora ficou muito surpresa. Quando o frade percebeu que a hora do marido se aproximava, levantou-se do lado da senhora e voltou rapidamente para seu quarto.

Contudo, assim como o frenesi da luxúria havia roubado seu sono, agora o medo que sempre acompanha a maldade não o deixaria descansar. Então, foi até o porteiro da casa e disse-lhe:

— Amigo, teu mestre me encarregou de ir sem demora e oferecer orações por ele em nosso convento, onde está acostumado a fazer suas devoções. Portanto, peço-te, dá-me meu cavalo e abre a porta sem deixar ninguém tomar conhecimento; pois a missão é urgente e secreta.

O porteiro sabia que a obediência ao *cordelier* era um serviço aceitável para seu senhor, então abriu a porta secretamente e o deixou sair.

Bem nessa hora o cavalheiro acordou. Vendo que já se aproximava a hora que o bom pai lhe havia designado para visitar sua esposa, ele se levantou em sua camisola e dirigiu-se rapidamente para aquela cama onde, por decreto de Deus, e sem necessidade de licença de homem, era lícito ir.

Quando sua esposa o ouviu falar ao lado dela, ela ficou muito surpresa e, sem saber o que havia acontecido, disse:

APÊNDICE

— Não, senhor, é possível que, depois de tua promessa ao bom pai de cuidar de tua própria saúde e da minha, tu não apenas venhas antes da hora marcada, mas até mesmo voltes uma segunda vez? Pensa nisso, senhor, eu te rogo.

Ao ouvir isso, o cavalheiro ficou tão desconcertado que não conseguiu esconder, e disse a ela:

— O que significam essas palavras? Sei de uma verdade que não fico contigo há três semanas, e ainda assim tu me repreendes por vir com muita frequência. Se continuares a falar dessa forma, vais me fazer pensar que minha companhia é enfadonha para ti, e vais me levar, ao contrário do meu costume e vontade, a buscar em outro lugar aquele prazer que, pela lei de Deus, eu deveria ter contigo.

A senhora pensou que ele estava brincando e respondeu-lhe:

— Rogo-te, senhor, não te enganes ao tentar me enganar; pois, embora não tenhas dito nada quando veio, eu sabia muito bem que tu estavas aqui.

Então o cavalheiro viu que os dois haviam sido enganados e jurou solenemente que nunca estivera com ela; pelo que a senhora, chorando de grande angústia, rogou-lhe que averiguasse com todo o cuidado quem poderia ter sido, pois além deles dormiam na casa apenas o cunhado e o frade.

Impelido pela desconfiança ao frade, o cavalheiro imediatamente dirigiu-se a toda pressa ao quarto onde este estava hospedado e o encontrou vazio; então, para ter certeza de que ele havia fugido, mandou chamar o porteiro e perguntou-lhe se sabia o que havia acontecido com o *cordelier*. E o homem contou-lhe toda a verdade.

O cavalheiro, agora convencido da maldade do frade, voltou ao quarto de sua esposa e disse-lhe:

— Com certeza, querida, o homem que se deitou contigo e fez essas coisas foi nosso padre confessor.

A senhora, que durante toda a sua vida considerou preciosa sua honra, foi tomada pelo desespero e, deixando de lado toda a humanidade e natureza feminina, implorou ao marido de joelhos que vingasse esse ultraje tão cruel; então, o cavalheiro imediatamente montou em seu cavalo e partiu em perseguição ao *cordelier*.

A senhora permaneceu sozinha em sua cama sem ninguém para aconselhá-la e sem nenhum consolo, exceto seu filho recém-nascido. Ela refletiu sobre a estranha e horrível experiência que se abatera sobre ela e, não levando em conta sua ignorância, considerou-se culpada, assim como a mulher mais miserável do mundo. Ela nunca tinha aprendido nada com o *cordelier*, exceto ter confiança nas boas obras e buscar a penitência dos pecados pela austeridade de vida, pelo jejum e pela disciplina; era totalmente ignorante da graça concedida por nosso bom Deus por meio dos méritos de seu Filho, da remissão dos pecados por seu sangue, da reconciliação do Pai conosco por meio de sua morte e da vida dada aos pecadores por sua exclusiva bondade e misericórdia; e assim, desnorteada entre seu horror pela enormidade de seu pecado, o amor por seu marido e a honra de sua linhagem, ela pensava que a morte seria muito mais feliz do que uma vida como a dela. E, vencida pela tristeza, não apenas perdeu a esperança que todo cristão deveria ter em Deus, mas também esqueceu sua própria natureza e ficou totalmente destituída de bom senso.

Então, sem nenhum conhecimento de Deus e de si mesma, pelo contrário, cheia de raiva e loucura, ela soltou uma corda de sua cama e estrangulou-se com suas próprias mãos. E, pior ainda, em meio à agonia daquela

APÊNDICE

morte cruel, enquanto seu corpo lutava contra ela, a infeliz mulher pressionou os pés no rosto de seu filho, cuja inocência não ajudou a salvá-lo de uma morte dolorosa e sofrida quanto a de sua mãe.

Despertada pelo grito da senhora que morria, uma mulher que dormia no quarto se levantou com grande pressa e acendeu a vela. Vendo então sua senhora pendurada estrangulada pela corda da cama e a criança sufocada a seus pés, ela correu em grande apavoramento para o cômodo do irmão de sua senhora e o trouxe para ver a cena lamentável.

O irmão, depois de ceder a uma dor tão natural e digna de quem amava a irmã de todo o coração, perguntou à criada quem havia cometido aquele terrível crime. Ela respondeu que não sabia; podia dizer apenas que ninguém havia entrado no quarto, exceto seu senhor, que o abandonara recentemente. O irmão então dirigiu-se ao quarto do cavalheiro, e não o encontrando ali, teve certeza de que ele havia sido o causador da morte. Então, montando em seu cavalo, sem maiores indagações, apressou-se em persegui-lo e o encontrou na estrada, pois ele voltava desconsolado por não ter conseguido alcançar o *cordelier*.

Assim que o irmão da senhora viu seu cunhado, gritou para ele:

— Vilão e covarde, defende-te, pois confio que Deus me vingará com esta espada contra o maior canalha da terra.

O cavalheiro teria protestado, mas a espada de seu cunhado o pressionava tanto que entendeu ser mais importante se defender do que indagar o motivo da briga. Após se ferirem mutuamente, e finalmente esgotados pelo cansaço e pela perda de sangue, sentaram-se no chão, cara a cara.

Enquanto eles recuperavam o fôlego, o cavalheiro perguntou:

— Posso ao menos saber, irmão, por que nossa amizade tão profunda e constante se transformou em tamanho ódio e rancor?

— Não — respondeu o cunhado —, eu é que pergunto o que te levou a matar minha irmã, a mulher mais excelente que já existiu, e isso de uma forma tão covarde que, sob o pretexto de dormir com ela, tu a enforcaste com o cordão da cama?

Ao ouvir essas palavras, o cavalheiro, mais morto do que vivo, aproximou-se de seu irmão e, colocando os braços em volta dele, disse:

— É possível que tu tenhas encontrado tua irmã no estado que disseste?

O cunhado garantiu-lhe que sim.

— Peço-te, irmão — respondeu o cavalheiro —, ouve a razão pela qual saí de casa.

Em seguida, ele lhe contou tudo sobre o perverso frade franciscano, o que deixou seu cunhado muito surpreso e ainda mais triste por tê-lo atacado injustamente. Este, suplicando perdão, disse-lhe:

— Eu fui injusto contigo; perdoa-me.

— Se foste alguma vez injustiçado por mim — respondeu o cavalheiro —, fui bem punido, pois estou tão gravemente ferido que não creio conseguir me recuperar.

Então o cunhado o pôs no cavalo, da melhor maneira que pôde, e o trouxe de volta para casa, onde no dia seguinte ele morreu. E o cunhado confessou na presença de todos os parentes do cavalheiro que ele havia sido a causa de sua morte.

APÊNDICE

No entanto, para satisfação da justiça, ele foi aconselhado a ir e solicitar o perdão ao rei Francisco I; e, com este objetivo, após sepultar com honras o marido, a esposa e o filho, partiu na Sexta-Feira Santa para o Tribunal a fim de pedir perdão, o qual obteve por meio do obséquio de Mestre Francis Olivier, então Chanceler de Alençon, posteriormente escolhido pelo Rei, por seus méritos, como Chanceler da França. [...][5]

"Defesa das Mulheres", de Maria Dentière, em sua *Epístola muito útil*, escrita à rainha Margarida de Navarra (1539)

Não apenas certos caluniadores e adversários da verdade tentarão nos acusar de audácia e temeridades excessivas, mas também alguns fiéis dirão que é ousado demais para as mulheres escreverem umas às outras sobre assuntos das Escrituras. Nós podemos responder-lhes dizendo que todas as mulheres que foram descritas e mencionadas nas Sagradas Escrituras não devem ser consideradas ousadas demais. Várias mulheres são citadas e elogiadas nas Sagradas Escrituras, tanto por sua boa conduta, suas ações, e seu exemplo quanto por sua fé e seu ensino: Sara e Rebeca, por exemplo, e principalmente, entre todas as outras no Antigo Testamento, a mãe de Moisés, que, apesar do decreto do rei, ousou manter seu filho longe da morte e viu que ele recebeu cuidados na casa de Faraó, como é amplamente declarado em Êxodo 2; e Débora, que julgou o povo de Israel no tempo dos Juízes, não deve ser menosprezada (Juízes 4). Devemos condenar Rute, que, mesmo sendo do sexo feminino, teve sua história contada no livro que leva seu nome? Eu penso que não, considerando que ela está incluída na genealogia de Jesus Cristo. Que sabedoria teve a Rainha de Sabá, a qual não só é mencionada no Antigo Testamento, mas a quem Jesus ousou nomear entre os outros sábios! Se estamos falando das graças que foram dadas às mulheres, que graça maior ocorreu a qualquer criatura na terra do que à virgem Maria, mãe de Jesus, por ter carregado o filho de Deus? Não foi uma graça insignificante que permitiu que Isabel, mãe de João Batista, tivesse um filho, milagrosamente, apesar de ser estéril. Que mulher foi maior pregadora do que a samaritana, que não se envergonhou de pregar sobre Jesus e sua palavra, confessando-o abertamente diante de todos, assim que ouviu Jesus dizer que nós devemos adorar a Deus em espírito e em verdade? Quem pode gabar-se de ter tido a primeira manifestação do grande mistério da ressurreição de Jesus senão Maria Madalena, de quem ele expulsou sete demônios, e as outras mulheres, a quem, em vez de aos homens, ele havia se revelado por meio de seu anjo e ordenou que contassem, pregassem e declarassem isso aos outros? Apesar de em todas as mulheres haver imperfeição, os homens também não estão isentos dela. Por que é necessário criticar tanto as mulheres, visto que nenhuma mulher jamais vendeu ou traiu Jesus, mas sim um homem chamado Judas? Quem são eles, eu lhes suplico, que têm inventado e maquinado tantas cerimônias, heresias e falsas doutrinas na terra, senão os homens? E as pobres mulheres têm sido seduzidas por eles. Nunca uma mulher foi considerada um falso profeta, mas as mulheres foram enganadas por eles. Embora eu não deseje atenuar a malícia excessivamente grande de algumas mulheres, que vai muito além da medida, tampouco há razão para fazer uma regra geral disso, sem exceção, como alguns fazem diariamente.

APÊNDICE

Considere em particular Fausto, aquele zombador, em suas Bucólicas. Quando vejo aquelas palavras, é claro que não posso ficar calada, visto que são mais usadas e recomendadas pelos homens do que o evangelho de Jesus, o qual é proibido a nós, e que aquele contador de fábulas é bem-visto nas escolas. Portanto, se Deus deu graça a algumas boas mulheres, revelando a elas, por meio de suas Sagradas Escrituras, algo santo e bom, devem elas hesitar em escrever, falar e declarar umas às outras por causa dos difamadores da verdade? Ah, seria muito audacioso tentar detê-las e seria muito insensato escondermos o talento que Deus nos deu, nós que temos a graça de perseverar até o fim. Amém.[6]

Margarida de Navarra (1492-1547): A poetisa da retórica das lágrimas[7]

Se a dor do meu espírito
eu pudesse mostrar em palavras
ou declarar por escrito,
não haveria relato mais triste;
Pois quanto mais forte o sofrimento me perturba,
mais forte eu o disfarço e oculto,
pois não tenho nada que me console,
a não ser a esperança da doce morte.

Eu sei que não devo ocultar minha dor
mais do que é razoável,
contudo minhas palavras não transmitem
minha mágoa intolerável.
A força em minhas mãos é insuficiente

196

> para escrever um relato verdadeiro.
>
> Isso seria louvável,
>
> se não me parecesse tão desumano.[8]

Mesmo escritos em linguagem não muito acessível, seus poemas demonstram a fé que habitava em seu coração, como no poema a seguir.

> Ó Tu, meu Sacerdote, meu Advogado, meu Rei,
> De quem depende a minha vida, o meu Tudo;
> Ó Senhor, que primeiro bebeu o amargo cálice desta angústia,
> E conhece o seu veneno — se é que homem algum jamais o conheceu —,
> Estes espinhos, quão agudos; estas feridas, quão profundas —
> Salvador, Amigo, Rei; Ó defende a minha causa, eu clamo;
> Fala, socorre e salva-me, senão morrerei.[9]

Argula von Grumbach: Carta à Universidade de Ingolstadt (1523)

> O relato de uma mulher cristã da nobreza bávara cuja carta aberta, com argumentos baseados nas Escrituras divinas, critica a Universidade de Ingolstadt por forçar um jovem seguidor do evangelho a negar a Palavra de Deus.

Ao reverente, honrado, bem-nascido, muitíssimo erudito, nobre e estimado Reitor e ao Conselho Geral de toda a universidade de Ingolstadt.

APÊNDICE

O Senhor diz, em João 12: "Eu sou a luz que veio ao mundo, para que ninguém que acredite em mim permaneça nas trevas". É meu desejo sincero que esta luz habite em todos nós e brilhe sobre todos os corações insensíveis e cegos. Amém.

Acho que há um texto em Mateus 10 que diz: "Quem me confessa perante os outros, eu também o confessarei perante o meu Pai celestial". E Lucas 9: "Quem se envergonhar de mim e das minhas palavras, também eu terei vergonha dele quando eu vier em minha majestade", etc. Palavras como essas, vindas da própria boca de Deus, estão sempre diante dos meus olhos. Pois elas não excluem nem a mulher nem o homem.

E é por isso que, como cristã, sou impelida a vos escrever. Pois Ezequiel 33 diz: "Se vires teu irmão pecar, repreenda-o, ou requererei o sangue dele de tuas mãos". Em Mateus 12, o Senhor diz: "Todos os pecados serão perdoados; mas o pecado contra o Espírito Santo nunca será perdoado, nem aqui nem na eternidade". E em João 6, o Senhor diz: "Minhas palavras são espírito e vida". Como, em nome de Deus, vós e vossa universidade esperam prevalecer, quando vós implantais tal tola violência contra a palavra de Deus; quando forçam alguém a segurar o santo Evangelho em suas mãos com o propósito de negá-lo, como vós fizestes no caso de Arsacius Seehofer? Quando vós o confrontais com um juramento e declaração como essa, e usais a prisão e até mesmo a ameaça da estaca para forçá-lo a negar a Cristo e sua palavra? Sim, quando reflito sobre isso, meu coração estremece e todos os meus membros se abalam. O que Lutero ou Melanchthon vos ensinam senão a palavra de Deus? Vós os condenais sem tê-los refutado. Cristo ensinou isso a vós, ou os seus apóstolos, profetas ou evangelistas? Mostrai-me onde isso está escrito! Tão sublimes especialistas, não achei em nenhum lugar da Bíblia que Cristo, ou seus apóstolos, ou seus profetas colocaram pessoas na prisão, as queimaram ou assassinaram, ou as enviaram para o exílio [...]. Vós não sabeis o que o Senhor diz em Mateus 10? "Não tenhais medo daquele que pode tomar seu corpo, mas então o seu poder terminará. Mas temei aquele que tem o poder de despachar [sic] alma e corpo para as profundezas do inferno." Sabe-se muito bem a importância do dever de obedecer às autoridades. Mas, no que diz respeito à palavra de Deus, nem o Papa, nem o Imperador, nem os príncipes — como Atos 4 e 5 deixam claro — têm qualquer jurisdição. De minha parte, devo confessar, em nome de Deus e pela salvação da minha alma, que, se eu negasse os escritos de Lutero e Melanchthon, estaria negando a Deus e sua palavra, que Deus vos perdoe para sempre.

Eu vos imploro. Confiai em Deus. Ele não nos abandonará, pois cada fio de cabelo de nossa cabeça está contado, e estamos sob seus cuidados, como diz Mateus 10. Tive de ouvir por muito tempo o seu pregador Decretal clamando na Igreja de Nossa Senhora: *Ketzer! Ketzer*, "Herege, herege!". Que latim pobre! Eu conseguiria dizer o mesmo, sem dúvida; e eu nunca fui para a universidade. Mas, se eles querem provar seu argumento, terão de fazer melhor do que isso. Sempre tive a intenção de vos escrever para pedir-vos que me mostrásseis quais artigos heréticos o fiel obreiro do evangelho, Martinho Lutero, supostamente teria ensinado. No entanto, reprimi minhas inclinações; com o coração pesado, não fiz nada. Pois Paulo diz em 1 Timóteo 2: "As mulheres devem guardar silêncio e não falar na igreja". Mas agora que não consigo ver nenhum

APÊNDICE

homem que esteja disposto a isso, que queira ou que seja capaz de falar, sou obrigada pela declaração: "Quem quer que me confesse", como eu disse anteriormente. E reivindico para mim Isaías 3: "Enviarei crianças para serem seus príncipes; e as mulheres devem governar sobre eles". [...] Meu coração está com nossos príncipes, a quem vós seduzistes e traístes tão deploravelmente. Pois eu percebo que eles estão mal-informados sobre as Escrituras divinas. Se eles pudessem poupar tempo dos outros afazeres, creio que também descobririam a verdade de que ninguém tem o direito de exercer soberania sobre a palavra de Deus. Sim, nenhum ser humano, seja ele quem for, pode governar sobre ela. Pois somente a palavra de Deus — sem a qual nada foi feito — deveria e deve governar [...].

O que nossos príncipes fizeram para merecer tal conduta de vossa parte? É esta a recompensa por sua generosidade frequente, concedendo riqueza aos pobres entre vós? Como vós os fazeis parecer? Por que vós fazeis deles e desta vossa universidade, a qual eles são justamente elogiados por ter fundado, motivo de chacota em todo o mundo? Ah, que lealdade vós retribuís pelo bem que eles vos fizeram! Que gratidão! Como ousais? [...] Estou absolutamente convencida de que, se eles soubessem a verdade, não continuariam a atender aos vossos pedidos como agora fizeram com Seehofer e não teriam dado permissão para que ele fosse assassinado, conforme indicado em seu voto. Que Deus seja a recompensa deles eternamente. Espero que as coisas melhorem. Quem sabe por que deram tal instrução?

Não tenhais dúvidas quanto a isto: Deus olha com misericórdia para Arsacius, ou o fará no futuro, assim como fez com Pedro, que negou ao Senhor três vezes. A cada dia, o justo cai sete vezes e se levanta novamente.

VOZES EXPRESSAS EN TEXTOS SELECIONADOS

Deus não quer a morte do pecador, mas sua conversão e vida. O próprio Cristo Senhor temeu a morte; tanto que ele suou muito. Eu confio que grande bem ainda virá desse jovem. Assim como Pedro também fez um bom trabalho mais tarde, após negar o Senhor. E, ao contrário desse homem, ele ainda estava livre, e não sofreu uma prisão tão longa, ou a ameaça da estaca [...].

Não tendes vós vergonha de que [Seehofer] teve de negar todos os escritos de Martinho, que traduziu o Novo Testamento para o alemão, simplesmente seguindo o texto? Isso significa que o santo Evangelho e as epístolas e a história dos apóstolos e assim por diante são todos rejeitados por vós como heresia. Parece que não há esperança de uma discussão adequada convosco. E então há os cinco livros de Moisés, que também estão sendo impressos. Isso não é nada? Seria mais fácil e mais lucrativo envolver-se em uma discussão com um judeu. Não ouço nada sobre qualquer um de vós refutando um único artigo [de Arsacius] das Escrituras [...].

Eu vos suplico, pelo amor de Deus, e vos exorto pelo julgamento e justiça de Deus que me digais por escrito qual dos artigos escritos por Martinho ou Melanchthon vós considerais herético. Em alemão, nenhum deles me parece herético. E o fato é que muita coisa foi publicada em alemão e eu já li tudo. Spalatin me enviou uma lista de todos os títulos. Eu sempre quis descobrir a verdade. Embora ultimamente não tenha lido nada, pois tenho me ocupado com a Bíblia, para a qual todo o trabalho [de Lutero] é direcionado, em todo caso — para nos levar a lê-la. Meu querido senhor e pai insistia que eu a lesse, dando-me uma quando eu tinha dez anos. Infelizmente não lhe obedeci, sendo seduzida pelos clérigos anteriormente

201

APÊNDICE

mencionados, especialmente pelos Observantes,[10] que disseram que eu seria levada a me desviar. Ah, mas que alegria quando o Espírito de Deus nos ensina e nos dá entendimento, passando de um texto para o outro — Deus seja louvado — de modo que eu vim ver a luz verdadeira e genuína brilhando. Não pretendo enterrar meu talento, se o Senhor me der graça. "O evangelho", diz Cristo, em Lucas 7, "é pregado aos pobres, e bem-aventurado aquele que não se escandaliza por minha causa". [...] Eu clamo como o profeta Jeremias, no capítulo 22: "Terra, terra, terra! Ouça a palavra do Senhor". Suplico e peço uma resposta de vós, se vós considerais que estou errada, embora eu não esteja ciente disso. Pois Jerônimo não tinha vergonha de escrever bastante para mulheres, para Blesilla, por exemplo, para Paula, Eustóquia e assim por diante. Sim, e o próprio Cristo, o único mestre de todos nós, não se envergonhou de pregar a Maria Madalena e à jovem mulher junto ao poço. Eu não hesito em comparecer diante de vós, em ouvi-los, em discutir convosco. Pela graça de Deus, também posso fazer perguntas, ouvir respostas e ler em alemão. Existem, é claro, Bíblias em alemão as quais Martinho não traduziu. Vós mesmos tendes uma que foi impressa quarenta e um anos atrás, quando nunca havia sequer pensado em Lutero.

Se Deus não tivesse ordenado, eu poderia me comportar como os outros e escrever ou dizer que ele perverte (as Escrituras); que é contrário à vontade de Deus. Embora eu ainda não tenha lido ninguém que seja igual a ele na tradução para o alemão. Que Deus, que nele opera tudo isso, seja sua recompensa aqui nesta vida e na eternidade. E mesmo se acontecesse — que Deus não o permita — de Lutero revogar seus pontos de vista, isso não me preocuparia.

VOZES EXPRESSAS EN TEXTOS SELECIONADOS

Eu não construo sobre o entendimento dele, meu ou de qualquer pessoa, mas sobre a verdadeira rocha, o próprio Cristo, que os construtores rejeitaram. Mas ele foi feito a pedra fundamental, e a pedra de esquina, como Paulo diz em 1Coríntios 3: "Nenhuma outra base pode ser lançada, senão aquela que já está lançada, que é Cristo." [...]

Não tenho o latim; mas vós tendes o alemão, nascidos e criados nesta língua. O que vos escrevi não é conversa fiada de mulher, mas a palavra de Deus; e (eu escrevo) como um membro da Igreja Cristã, contra a qual as portas do Inferno não podem prevalecer. Contra os romanos, contudo, elas prevalecem. Basta olhar para aquela igreja! Como é prevalecer contra as portas do Inferno? Deus nos deu sua graça, para que todos possamos ser salvos e (Deus) nos governar de acordo com sua vontade. Agora, que sua graça conduza o dia. Amém.

Dietfurt. Domingo após a exaltação da Santa Cruz. O ano do Senhor... Mil quinhentos e vinte e três.

Minha assinatura.

Argula von Grumbach,

Nascida uma Stauff.

Amém.[11]

Trecho final da carta de Argula von Grumbach ao duque William IV da Baviera (1523)

> Não é de admirar quando o papa segue o conselho do diabo ao proibir o casamento de padres e monges, como se o dom da castidade fosse outorgado ao vestir um capuz, e o papa então cobra impostos dos bastardos! Não é de admirar quando um padre recebe 800 florins

APÊNDICE

> anualmente e nunca prega sequer uma vez por ano! Os franciscanos, com voto de pobreza, devoram as casas das viúvas. Padres, monges e freiras são ladrões. Deus assim diz. Eu assim digo. Ainda que Lutero diga algo diferente, ainda é assim. Tende consideração, preciosos príncipes, para com o rebanho do Senhor Jesus Cristo, comprado não com prata e ouro, mas com seu sangue carmesim.

Datado no domingo anterior à elevação da Santa Cruz, 1523.
Humildemente,
Argula von Grumbach,
Nascida uma Stauff.[12]

Catarina Schutz Zell: Defesa do casamento clerical — Estrasburgo [antes de 10 de setembro de 1524][13]

> Eles (o clero católico) também rejeitam o casamento de padres, embora seja ensinado na Sagrada Escritura, tanto no Antigo como no Novo Testamento, não em linguagem obscura, mas em linguagem clara e simples, de modo que mesmo crianças e tolos possam ler e entender, como eu demonstrei. Provei isso em um escrito mais longo ao bispo de Estrasburgo, no qual contrastei o casamento e a prostituição um com o outro com base na Sagrada Escritura. Queira Deus que o bispo ficasse tão zangado comigo que todos lessem a minha explicação.

VOZES EXPRESSAS EN TEXTOS SELECIONADOS

Por que, falando em casamento, eles se posicionam tão firmemente contra ele, como se pretendessem ofender a Deus e suprimi-lo pela força? Devo relatar que existem duas razões. A primeira é que os papas, bispos e seus lacaios, os vigários e seus companheiros, não receberiam tanto imposto de prostituição de casais quanto de prostitutas e patifes. Se um padre tem uma esposa, ele se comporta como qualquer outro burguês honesto e piedoso, e não paga nenhum imposto ao bispo por isso, pois Deus permitiu que ele fosse livre. Se eles têm prostitutas, no entanto, se tornam escravos dos papas e bispos. Quem quiser deve pedir e obter a permissão do bispo e pagar uma taxa por isso. Portanto, estes últimos planejaram um pagamento anual [...] que, pobre ou rico, o sacerdote deve pagar, como quem arrenda um terreno de outro e paga um aluguel anual, é isso que eles fazem. Eles também estabeleceram seu próprio gerente ou administrador sobre esses arrendamentos, e ele cobra as anuidades. Ele é chamado de fiscal e recebe um salário anual.

Assim, eles protegem e defendem tais ultrajes e vícios contra toda a Sagrada Escritura, na qual o Espírito Santo tão estritamente bane os prostitutos, os exclui do Reino de Deus e proíbe qualquer um de comer ou beber com eles, como diz São Paulo em 1 Coríntios 1.5-6 e em Efésios 5. Deus, no entanto, estabeleceu o casamento para todos os homens no ato inicial da Criação, e ninguém é isento dele [...] e é expressamente recomendado para os sacerdotes, como diz São Paulo a Timóteo e a Tito em suas cartas a eles. O que Deus deseja, eles condenam, punem e proíbem para todos aqueles que estão sob seu poder. Mas a castidade lasciva, a prostituição diluviana, sodomita, noética, eles não castigam, e nunca castigaram, mas antes protegeram. Sim, clérigos e leigos formaram uma aliança

APÊNDICE

para lutar violentamente contra Deus. Oh, cegueira dos governantes, como vós olhais uns para os outros, [vós] que deveríeis vos dedicar a tudo que é honrado? Vós permitis que digam que um tem cinco ou seis prostitutas, e outras sete mulheres estão dando à luz, além de uma linda concubina em casa, e muito mais. É exatamente como Isaías diz, não há saúde neles da cabeça aos pés. Oh, Deus, se olhares para baixo, sei que isso só aumentará a Tua raiva.

A segunda razão (porque o clero é tão contra o casamento) é que, se os padres tiverem esposas, eles não poderão trocá-las entre si, como fazem com as prostitutas. Uma sai, outra entra. Para São Paulo, um bispo é um homem que tem uma esposa, razão pela qual ele teria de viver com honra, e, se uma esposa não servisse, ele não poderia trocá-la por outra. Há muitos problemas no casamento, e o cônjuge deve compartilhar e sofrer com o outro, e disso eles desejam livrar-se. No entanto, muitas vezes as prostitutas também criam problemas que não se encontram com uma esposa piedosa.

Se os padres pudessem se casar com honra, eles poderiam pregar do púlpito com mais eficácia contra o adultério. Do contrário, como eles podem condenar aquilo em que eles próprios estão presos. Cuida de mim, e eu cuidarei de ti. Se, entretanto, um padre tivesse uma esposa, e se ele fizesse algo ruim, as pessoas saberiam como puni-lo. Mas eles sempre têm uma palavra de defesa, dizendo: "Os leigos podem muito bem falar, pois têm suas esposas. Eu também sou um homem, e como posso me elevar ao céu?". Verdadeiramente, por que essas coisas não são deixadas como Deus as criou, cada um tendo sua esposa para evitar a licenciosidade? Deus não sabe melhor do que o diabo o que é bom?

Pois a proibição do casamento vem somente do diabo, mas o casamento vem de Deus, como diz o Espírito Santo na carta a Timóteo. Mas, se fosse assim, os leigos não tolerariam esses padres prostitutos em seu meio. Quando morrem, as crianças agarram-se à propriedade. Do contrário, os amigos pegam e expulsam os desgraçados, pois não se importam se o diabo lhes tirar a alma. Algumas das prostitutas e crianças podem, no entanto, prever, como vemos todos os dias, que agora estão seguindo o caminho de alguns da nobreza. Boa coisa também.

Os padres casados, por outro lado, seriam obrigados a punir o adultério com grande severidade [...], não convém a você ter sete mulheres em trabalho de parto ao mesmo tempo, isto é, viver na prostituição e, no entanto, ajudar a governar a terra e as pessoas. [...] Certa vez disse um jovem, quando estava sendo punido por sua prostituição: "Se eu não deveria fazer isso, por que meu pai faz isso? Se ele vai me proibir, ele deve primeiro se livrar disso".

Essas são as faltas de quem se opõe ao casamento de padres. Parte deles consiste em quem possui benefícios e outras coisas. Outra parte consiste em seus amigos, pais, mães, irmãos, tias e primos. Eles também temem que, se os padres puderem ter esposas e filhos (legítimos), isso os prive de sua herança e de outras coisas [...].[14]

A balada que Anne Askew fez e cantou quando estava em Newgate (1545)

Anne Askew foi uma das primeiras poetisas inglesas, e compôs esta balada na prisão, onde foi cruelmente torturada.

APÊNDICE

Como o cavaleiro armado
Convocado para a batalha,
Com este mundo lutarei
E a fé será o meu escudo.
A fé é aquela arma forte
Que não falha quando necessário.
Em meio aos meus inimigos, portanto,
Com ela eu irei prosseguir.
Como é obtida na força
E a força no caminho de Cristo,
Prevalecerá por muito tempo
Embora todos os demônios digam não.
Fé nos pais de outrora
Justiça adquirida
A qual me faz muito corajosa
Para não temer a angústia do mundo.
Eu agora me regozijo em meu coração
E a Esperança me oferece isso,
Pois Cristo tomará minha parte
E me aliviará de minha aflição.
Tu dizes, Senhor, quem então bate,
A ele tu atenderás.
Abre, portanto, a porta
E envia o teu forte poder.
Mais inimigos agora eu tenho
Do que cabelos na minha cabeça.
Não os deixes corromper-me.
Mas que tu lutes em meu lugar.
Sobre ti eu lanço meu cuidado.
Apesar do despeito cruel deles
Eu não me preocupei com suas investidas
Pois tu és o meu deleite.

Eu não sou aquela que deseja
Que minha âncora se solte
Durante cada garoa nevoenta
Meu navio é forte.

Não costumo escrever
em prosa, nem ainda em rima,
No entanto, mostrarei uma visão
Que vi em meu tempo.
Eu vi um trono real
Onde a Justiça deveria se sentar
Mas em seu lugar estava alguém
De humor cruel e colérico.
Absorvida foi a justiça
Como uma inundação furiosa;
Satanás em demasia
Suga o sangue inocente.
Então pensei, Senhor Jesus,
Quando tu julgares a todos nós
Difícil é escrever
Sobre estes homens o que vai cair.
No entanto, Senhor, eu desejo
Pelo que eles fazem a mim
Que eles não provem o salário
De sua iniquidade.[15]

De *Lamentação de uma pecadora* (1547), de Catarina Parr

Oh, quão miserável e desgraçadamente estou confusa, quando, pela multidão e extensão de meus pecados, sou compelida a acusar a mim mesma! Não seria uma crueldade

APÊNDICE

espantosa, quando Deus me falou e me chamou, que eu não lhe respondesse? Que homem, assim chamado, não teria ouvido? Ou que homem ouvindo não teria respondido? Se um príncipe terreno tivesse falado ou chamado, suponho que ninguém; ao contrário, de bom grado teria feito as duas coisas. Agora, portanto, que desgraçada e covarde eu sou, quando o Príncipe dos príncipes, o Rei dos reis, falou muitas palavras agradáveis e gentis para mim e também me chamou tantas vezes, que não podem ser contadas, e ainda assim, apesar desses grandes sinais e provas de amor, eu não quis ir até ele, mas me escondi de sua vista, procurando muitos caminhos tortuosos e atalhos, por onde andei tanto tempo, pois tive um guia cego, chamado Ignorância, que embaçou tanto meus olhos, que nunca pude ver perfeitamente os caminhos justos, bons, retos e corretos de sua doutrina; mas continuamente viajei, desconfortavelmente, nos caminhos imundos, cruéis, tortuosos e perversos; que, por serem tão procurados por muitos, não pensei senão que andava no caminho certo e perfeito, considerando mais o número de caminhantes do que a ordem da caminhada; acreditando também, com certeza, que acompanhada teria caminhado para o céu, ao passo que estou certa que eles teriam me levado ao inferno.

Abandonei a honra espiritual do verdadeiro Deus vivo e adorei ídolos visíveis e imagens feitas pelas mãos de homens, acreditando que por meio delas teria alcançado o céu; de fato, para dizer a verdade, fiz de mim mesma um grande ídolo, porque me amava mais do que a Deus. E, certamente, vejam quantas coisas são amadas ou preferidas em nossos corações antes de Deus, tantas são tidas e estimadas como ídolos e falsos deuses. Ai de mim! Como violei este santo, puro e altíssimo preceito e mandamento do amor de Deus! Preceito esse que me vincula a amá-lo de todo o coração, mente, vigor, força e compreensão: e eu, como uma criança má, perversa e desobediente, cedi a minha vontade, poder e sentidos e, ao contrário, fiz, de quase todas as coisas terrenas e carnais, um deus!

Além disso, não considerei o sangue de Cristo suficiente para me lavar da sujeira dos meus pecados; nem considerei seus caminhos, como ele havia apontado por meio de sua palavra; mas busquei a escória que o bispo de Roma firmou em sua tirania e reino, acreditando com grande confiança que, pela virtude e santidade deles, receberia a remissão completa de meus pecados. E assim eu fiz, tanto quanto pude, eu ofusquei e obscureci o grande benefício da paixão de Cristo, do qual nenhum pensamento pode conceber nada de mais valor. Nada pode ofender e desagradar tanto o Deus todo-poderoso, nosso Pai, como pisar em Cristo, seu Filho unigênito e bem-amado. Todos os outros pecados do mundo, reunidos em um, não são tão hediondos e detestáveis aos olhos de Deus. E não é de admirar, pois, que em Cristo crucificado Deus se mostra mais nobre e glorioso, Deus todo-poderoso e Pai muito amoroso, em seu querido Filho único, escolhido e bendito.

Penso também, mas muitos vão se espantar e se admirar com o que eu digo, que nunca conheci Cristo como meu Salvador e Redentor até agora. Pois muitos dizem: quem não sabe que existe um Cristo? Quem, sendo cristão, não o confessa seu Salvador? E, assim, crendo com sua fé humana e morta e com seu conhecimento histórico, os quais eles aprenderam em seus livros escolásticos, que a verdadeira fé pode ser induzida e o conhecimento de Cristo pode ser adquirido, como eu disse antes, com todo pecado. Eles costumavam dizer, por sua própria

APÊNDICE

experiência, que sua fé não os justificava. E é verdade, a menos que tenham essa fé, que declarei aqui antes, eles nunca serão justificados.

No entanto, não é falso que somente pela fé eu tenho certeza de ser justificada. Este é exatamente o motivo pelo qual tantos contestam este dom e dever da verdadeira fé, porque não a possuem. E, mesmo que os fiéis sejam forçados a admitir esta fé verdadeira, o infiel não pode, de maneira alguma, suplicar por ela, pois não sente nada e nada tem para dizer.

Certamente não tenho curiosidade em aprender a defender este assunto além disso, mas, sim, tenho um zelo simples e amor sincero pela verdade inspirada por Deus, que promete derramar seu Espírito sobre toda a carne; o que, pela graça de Deus, a quem devo humildemente honrar, senti por mim mesma ser verdadeiro.[16]

Resposta de Joana d'Albret ao legado papal Georges d'Armagnac, ao ser intimada a retornar ao catolicismo romano (1563?)

Estou seguindo o exemplo de Josias, destruindo os lugares altos. Não estou plantando uma nova religião, mas restabelecendo a antiga. Meus súditos não estão em rebelião contra mim. Não condenei ninguém à morte ou à prisão. Quanto à Espanha, diferimos de fato, mas isso não impede de sermos bons vizinhos. E, quando se trata da França, o édito permite ambas as religiões.

Vossos fracos argumentos não atingem minha cabeça dura. Estou servindo a Deus e ele sabe como sustentar sua causa. Em termos humanos, estou cercada por pequenos principados que me oferecem mais segurança do que o

VOZES EXPRESSAS EN TEXTOS SELECIONADOS

canal para a Inglaterra. Não acredito que estou despojando meu filho de sua herança. Qual bem fez meu marido em desertar para Roma? Vós sabeis as belas coroas que lhe foram oferecidas e o que aconteceu com todas elas quando ele foi contra sua consciência, como prova sua confissão final.[17]

Estou constrangida de que nos acuseis de excessos. Tirai a trave do vosso próprio olho; vós sabeis quem são os sediciosos por meio de suas violações do édito de janeiro. Eu não tolero ultrajes cometidos em nome da religião e puniria os infratores. Nossos ministros não pregam nada além de obediência, paciência e humildade. Eu também evitarei as discussões doutrinárias, não porque ache que estejamos errados, mas porque vós não sereis levados ao Monte Sião. Quanto às obras dos Padres, recomendo-as aos meus ministros. [...]

Eu sei que a Escritura às vezes é obscura, mas, quando se trata do Príncipe das Trevas, vós sois um exemplo. No que diz respeito às palavras: "Isto é o meu corpo", vós deveis comparar o capítulo vinte e dois de Lucas. Se eu errar, posso ser desculpada como mulher por minha ignorância, mas o seu erro, como cardeal, é vergonhoso. Eu sigo [Teodoro] Beza, sigo Calvino e outros apenas na medida em que seguem as Escrituras Sagradas. Vós dizeis que eles estão divididos entre si. E assim também vós estais. Eu presenciei isso em Poissy [onde houve divergências entre os cardeais de Tournon e Lorraine]. Vós alegais que pensamos que Cristo ficou escondido por mil e duzentos ou mil e trezentos anos. Sem dúvida, não! Não julgamos os mortos. Estou surpresa que aproveis a idolatria para a ruína de vossa consciência e de vosso próprio progresso na igreja.

APÊNDICE

Se não cometestes o pecado contra o Espírito Santo, faltou pouco. Dizeis que nossos pregadores são perturbadores. Isso é exatamente o que Acabe disse a Elias. Lede o primeiro livro dos Reis, capítulo 18. Apelais para vossa autoridade como legado do papa. A autoridade do legado do papa não é reconhecida em Béarn. Guardai vossas lágrimas convosco. Por caridade, posso contribuir com algumas. Oro, como nunca orei, do fundo do meu coração para que vós possais ser trazidos de volta ao verdadeiro aprisco e ao verdadeiro pastor, e não a um mercenário. [...][18]

REFERÊNCIAS

ABREU, Maria Zina Gonçalves de. *A Reforma da Igreja em Inglaterra: Acção feminina, protestantismo e democratização política e dos sexos.* Coimbra: Fundação Calouste Gulbenkian; Fundação para a ciência e a tecnologia, 2003.

ALMEIDA, Rute Salviano. *Uma voz feminina na Reforma.* São Paulo: Hagnos, 2010.

ANGLADA, Layse. *Katharina Von Bora: Esposa de Lutero* (Apêndice). In: GOOD, James I. *Grandes mulheres da Reforma: Quem foram, o que fizeram e o que sofreram as grandes mulheres da Reforma do século XVI.* Ed. Layse Anglada. Trad. Anna Layse Gueiros. Ananindeua: Knox Publicações, 2009.

BAINTON, Roland H. *Women of the Reformation: In Germany and Italy.* Minneapolis: Fortress Press, 2007.

_____. *Women of the Reformation: In France and England.* Minneapolis: Fortress Press, 2007.

BRENTANO, Frantz Funck. *Martim Lutero.* 3. ed. Trad. Eloy Pontes. Rio de Janeiro: Casa Editora Vecchi Ltda, 1968.

BRUN, Marli; BLASI, Marcia; KIECKBUSCH, Wilhelmina (orgs.). *Bordando memórias: Histórias de mulheres do movimento da Reforma.* São Leopoldo: Sinodal, 2019.

COTTRELL, Robert D. *The grammar of silence: A reading of Marguerite de Navarre's poetry.* Washington: The Catholic University of America Press, 1986.

D'AUBIGNÉ, J. H. Merle. *História da Reforma do 16.º século.* Trad. J. Carvalho. São Paulo: Casa Editora Presbiteriana, (s.d.). v. 4.

DAVIS, Natalie Zemon. *Culturas do povo: Sociedade e cultura no início da França moderna.* Trad. Mariza Corrêa. Rio de Janeiro: Paz e Terra, 1990.

DOUGLASS, Jane Dempsey. *Mulheres, liberdade e Calvino: O ministério feminino na perspectiva calvinista.* Venda Nova: Betânia, 1995.

DURANT, Will. *História da Civilização: A Reforma.* Trad. Olga Biar Laino; Lêonidas Gontijo de Carvalho. São Paulo: Companhia Editora Nacional, 1959. v. 2.

REFERÊNCIAS

FOXE, John. *O livro dos mártires.* Trad. Almiro Pisetta. São Paulo: Editora Mundo Cristão, 2003.

GOOD, James I. *Grandes mulheres da Reforma: Quem foram, o que fizeram e o que sofreram as grandes mulheres da Reforma do século XVI.* Ed. Layse Anglada. Trad. Anna Layse Gueiros. Ananindeua: Knox Publicações, 2009.

_____. *Famous women of the reformed church.* The Sunday-school board of the reformed church in the United States, 1901. Annotated by L. B. Roper, 2019.

HAYKIN, Michael A. G. *8 mulheres de fé.* São José dos Campos: Fiel Editora, 2017.

KING, Margaret L. *A mulher do Renascimento.* Trad. Maria José de la Fuente. Lisboa: Editorial Presença, 1994.

LESSA, Vicente Themudo. *Lutero.* 5. ed. Rio de Janeiro: Pallas, 1976.

LIEFELD, Walter; TUCKER, Ruth A. *Daughters of the Church: Women and ministry from New Testament times to the present.* Michigan: Zondervan Publishing House, 1987.

LINDSAY, Thomas M. *A History of the Reformation.* 2. ed. New York International Theological Library, 1934. v. 1.

LUTZ, Lorry. *Mulheres que se arriscam por amor a Deus.* Brasília: Vinde, 1998.

ROBINSON, A. Mary F. *Margaret of Angoulême, queen of Navarre.* London: W. H. Allen & Co, 1886.

ROPS, Daniel. *A Igreja da Renascença e da Reforma: A reforma católica.* São Paulo: Quadrante, 1999. v. 2.

SALABAI, Rosana Salviano. *Força e feminilidade: O legado das mulheres cristãs que marcaram a história.* Chapadão do Sul: Ed. da Autora, 2020. p. 15-21.

SEMBLANO, Martinho Lutero. *Reformadoras: As mulheres da Reforma Protestante.* Rio de Janeiro: Scriptura/Conselho, 2012.

TUCKER, Ruth A. *A primeira-dama da Reforma: A extraordinária vida de Catarina von Bora.* Trad. Marcelo Siqueira Gonçalves. Rio de Janeiro: Thomas Nelson Brasil, 2017.

ULRICH, Claudete Beise; DALFERTH, Heloisa Gralow. *Mulheres no movimento da Reforma.* São Leopoldo: Sinodal, 2017.

WILLIAMS, H. Noel. *The pearl of princesses:* The life of Marguerite d'Angoulême, queen of Navarre. London: Eveleigh Nasch Company Limited, 1916.

WILSON, Katharina M., ed. *Women writers of the Renaissance and Reformation.* Athens: University of Georgia Press, 1987.

ZAHL, Paul F. M. *Five women of the English Reformation.* Michigan: Grand Rapids, 2003.

Websites

CARR, Simonetta. Olympia Morata. *Leben. A Journal of Reformation Life*. October 1, 2010. Disponível em: <https://leben.us/olympia-morata/>. Acesso em: 5 fev. 2021.

D'ANGOULÊME, Margarite. *The Heptameron*. London: Published for the trade, [1855]. Traduzido por Walter Keating Kelly, 1867. Disponível em: <https://digital.library.upenn.edu/women/navarre/heptameron/heptameron.html#N23>. Acesso em: 14 mai. 2021.

FERREIRA, Larissa Cristhina Giron. "Letras que subvertem: expressões da religiosidade feminina na Europa do século XVI". *Espacialidades* [on-line]. 2020, 2, v.16, n. 2, p. 16-37. Disponível em: <https://periodicos.ufrn.br/espacialidades/article/view/20196>. Acesso em: 16 mar. 2021.

GRUMBACH, Argula von. *Primary texts — Reformation History —* Argula von Grumbach, To the University of Ingolstadt (1523). Disponível em: <http://www.gjlts.com/Church%20History/Reformation%20History/Primary%20Source%20-%20Argula%20%20letter.pdf>. Acesso em: 25 abr. 2021.

HARAGUCHI, Jennifer. MORATA, Olympia (1526-1555). *Italian Women Writers*. University of Chicago Library. 2003. Disponível em: <https://www.lib.uchicago.edu/efts/IWW/BIOS/A0032.html>. Acesso em: 3 fev. 2021.

MATHESON, Peter. Our first woman reformer. *Christian History Institute*. 2019. Disponível em: <https://christianhistoryinstitute.org/magazine/article/our-first-woman-reformer> Acesso em: 20 jan. 2021.

MCKEE, Elsie Anne. *Zell, Katharina Schütz (c. 1497–1562)*. Disponível em: <https://www.encyclopedia.com/women/encyclopedias-almanacs-transcripts-and-maps/zell-katharina-schutz-c-1497-1562>. Acesso em: 23 mar. 2021.

PARKER, Holt N. Olympia Fulvia Morata (1526/7-1555): Humanist, heretic, heroine, p. 153. Disponível em: <https://www.academia.edu/544167/Olympia_Fulvia_Morata_1526_7_1555_Humanist_Heretic_Heroine?auto=download>. Acesso em: 21 abr. 2021.

PETERSON, William J. Idelette: John Calvin's search for the right wife. *Christian History Institute*. 2019. Disponível em: <https://christianhistoryinstitute.org/magazine/article/idelette-john-calvins-search-for-the-right-wife> Acesso em: 12 fev. 2021.

RUMENS, Carol. Poem of the week: Ballad by Anne Askew. Carol Rumens's poem of the week. *The Guardian*. Mon 7 aug 2017. Disponível em: <https://www.theguardian.com/books/booksblog/2017/aug/07/poem-of-the-week-ballad-by-anne-askew>. Acesso em 21 abr. 2021.

REFERÊNCIAS

STJERNA, Kirsi. "Teologia da Reforma nas mãos de Argula von Grumbach". Trad. Alex Blasi de Souza. *Coisas do Gênero*. São Leopoldo. v. 3, n. 2, jul-dez. 2017, p. 49-58. Disponível em: <http://periodicos. est.edu.br/index.php/genero>. Acesso em: 24 abr. 2021.

ULRICH, Claudete Beise. "A atuação e participação das mulheres na Reforma Protestante do século XVI". *Revista Metodista*. Estudos de Religião, v. 30, n. 2, p. 71-94, maio-ago. 2016. Disponível em: <https://www.metodista.br/revistas/revistas-ims/index.php/ER/article/viewFile/6846/5309>. Acesso em: 16 jan. 2021.

VALENTINE, Bobby. Argula von Grumbach: Courageous debater, theologian, female voice in the Reformation. A Women on the Family Three. *Stoned-Campbell Disciple*. 2007. Disponível em: < https://stonedcampbelldisciple.com/2007/09/11/argula-von-grumbach-courageous-debater-theologian-female-voice-in-the-reformation-a-woman-on-the-family-tree/>. Acesso em: 18 jan. 2021.

WHITE, Sarah. Olympia Morata Grunthler: Woman, Scholar, Reformer, part II. *Modern Reformation*. September 23, 2020. Disponível em: <https://modernreformation.org/resource-library/web-exclusive-articles/olympia-morata-grunthler-woman-scholar-reformer/>. Acesso em: 22 mar. 2021.

WILSON, Sarah Hinlicky. *Lutheran saints #16: Argula von Grumbach*. September 15, 2020. Disponível em: <https://www.sarahhinlickywilson.com/blog/2020/9/15/lutheran-saints-16-argula-von-grumbach>. Acesso em: 18 jan. 2021.

GEISSLER, Ully. *Argula von Grumbach: 500 anos de silenciamento feminino e cinismo eclesiástico – Parte III*. Disponível em: <https://ullygeissler.wordpress.com/2017/09/14/argula-von-grumbach-500-anos-de-silenciamento-feminino-e-cinismo-eclesiastico/> Acesso em: 14 jan. 2021.

ZELL, Katharina Schütz (1524). Defending clerical marriage. From the Reformation to the Thirty Years War (1500-1648). *German History in documents and images*. v. 1. Disponível em: <https://ghdi.ghi-dc.org/sub_document.cfm?document_id=4332>. Acesso em: 24 abr. 2021.

Sem autoria

"ANNE Askew: A woman of principle who refuses to implicate others". *History's Heroes?* Disponível em: <http://historysheroes.e2bn.org/hero/4265>. Acesso em: 14 jan. 2021.

ARGULA von Grumbach (c.1492-1556/57). In: *A hundred women would emerge to write*. 14 fev. 2008. Disponível em: <https://web.archive.org/web/20080509131156/http://home.infionline.net/~ddisse/grumbach.html>. Acesso em: 25 abr. 2021.

REFERÊNCIAS

Biografia de Catherine Parr, sexta esposa de Henrique VIII. *Greelane. História & Cultura.* 19 jul. 2019. Disponível em <https://www.gree lane.com/pt/humanidades/hist%C3%B3ria--cultura/catherine-parr-biography-3530625/>. Acesso em: 19 mar. 2021.

Jane Grey: A trágica história da rainha que comandou a Inglaterra por 9 dias. *Aventuras na História.* Disponível em: <https://aventuras nahistoria.uol.com.br/noticias/reportagem/historia-quem-foi-jane-grey.phtml>. Acesso em: 24 fev. 2021.

Katherine Parr: An intelligent woman and a loving stepmother? *Historic Royal Palace.* Disponível em: <https://www.hrp.org.uk/hamp ton-court-palace/history-and-stories/katherine-parr/#gs.upoovs>. Acesso em: 19 mar. 2021.

Katherine Parr: To be useful in all that I do. *Tudor History.* Disponível em: <https://www.tudorhistory.org/parr/>. Acesso em: 19 mar. 2021.

Marguerite de Navarre. *Poetry Foundation.* Disponível em: <https://www.poetryfoundation.org/poets/marguerite-de-navarre>. Acesso em: 2 abr. 2021.

Other women's voices: Translations of women's writing before 1700. 2007. Disponível em: <https://web.archive.org/web/20080514224020/http://home.infionline.net/~ddisse/index.html>. Acesso em: 20 jan. 2021.

NOTAS

Escritoras apologetas da Reforma

1. Bayerische Staatsbibliothek München, Clm 10363, Carta n. 103. Disponível em: <http://wittenberg.luther2017-bayern.de/morata/>. Acesso em: 16 abr. 2021.
2. WHITE, Sarah. Olympia Morata Grunthler: Woman, Reformer, Scholar. *Modern Reformation*. September 23, 2020. Disponível em: <https://modernreformation.org/resource-library/web-exclusive-articles/olympia-morata-grunthler-woman-scholar-reformer/>. Acesso em: 22 mar. 2021.
3. KING, Margaret L. *A mulher do Renascimento*. Lisboa: Editorial Presença, 1994, p. 224-225.
4. ERASMO, Desidério apud KING, Margaret L., op. cit., p. 189.
5. Ibidem, p. 189.
6. TRICOU, Georges apud DAVIS, Natalie Zemon. *Culturas do povo: Sociedade e cultura no início da França moderna*. Rio de Janeiro: Paz e Terra, 1990, p. 69.
7. MATHESON, Peter, ed. *Argula von Grumbach: a woman's voice in the Reformation*. Edinburgh: T&T Clark International, 1995, p. 191-192, citado em *A hundred women would emerge to write: Argula von Grumbach (c.1492-1556/57)*. 14 fev. 2008. Disponível em: <https://web.archive.org/web/20080509131156/http://home.infionline.net/~ddisse/grumbach.html>. Acesso em: 25 abr. 2021.
8. Fontes: BAINTON, Roland F. *Women of the Reformation: In Germany and Italy*. Minneapolis: Augsburg Fortress Press, 2007, p. 97-109; ULRICH, Claudete Beise; DALFERTH, Heloisa Gralow. *Mulheres no movimento da Reforma*. São Leopoldo: Sinodal, 2017, p. 55-81; SEMBLANO, Martinho Lutero. *Reformadoras:*

NOTAS

As mulheres da Reforma Protestante. Rio de Janeiro: Scriptura/ Conselho, 2012; GEISSLER, Ully. *Argula von Grumbach: 500 anos de silenciamento feminino e cinismo eclesiástico*. Disponível em: <https://ullygeissler.wordpress.com/2017/09/14/argula-von-grumbach-500-anos-de-silenciamento-feminino-e-cinismo-eclesiastico/> Acesso em: 14 jan. 2021; ULRICH, Claudete Beise. "A atuação e participação das mulheres na Reforma Protestante do século XVI". *Revista Metodista*. Estudos de Religião, v. 30, n. 2, p. 71-94, maio-ago. 2016. Disponível em: <https://www.metodista.br/revistas/revistas-ims/index.php/ ER/article/viewFile/6846/5309>. Acesso em: 16 jan. 2021; VALENTINE, Bobby. Argula von Grumbach: Courageous debater, theologian, female voice in the Reformation. A woman on the family three. *Stoned-Campbell Disciple*. 2007. Disponível em: https://stonedcampbelldisciple.com/2007/09/11/argula-von-grumbach-courageous-debater-theologian-female-voice-in-the-reformation-a-woman-on-the-family-tree/>. Acesso em: 18 jan. 2021; WILSON, Sarah Hinlicky. *Lutheran Saints #16: Argula von Grumbach*. September 15, 2020. Disponível em: <https://www.sarahhinlickywilson.com/blog/2020/9/15/ lutheran-saints-16-argula-von-grumbach>. Acesso em: 18 jan. 2021; MATHESON, Peter. Our first woman reformer. *Christian History Institute*. 2019. Disponível em: <https://christianhis toryinstitute.org/magazine/article/our-first-woman-reformer>. Acesso em: 20 jan. 2021; STJERNA, Kirsi. "Teologia da Reforma nas mãos de Argula von Grumbach". *Coisas do Gênero*. São Leopoldo, n. 2, jul-dez. 2017, v. 3, p. 49-58. Disponível em: <http://periodicos.est.edu.br/index.php/genero>. Acesso em: 24 abr. 2021; *Argula von Grumbach (c.1492-1556/57): A hundred women would emerge to write*. 14 fev. 2008. Disponível em: <https://web.archive.org/web/20080509131156/http:// home.infionline.net/~ddisse/grumbach.html>. Acesso em: 25 abr. 2021.

9. Birnstein apud ULRICH, Claudete Beise, op. cit., p. 86.

10. Era um raríssimo exemplar da Bíblia de Koberger, editada clandestinamente em Nuremberg no ano de 1483.

11. MATHESON, 2014, p. 112 apud DALFERTH, Heloisa Gralow, op. cit., p. 79-80.

NOTAS

12. Lutero apud SEMBLANO, Martinho Lutero, op. cit., p. 28-29.

13. Dieta imperial, convocada por Carlos V para abril de 1531, em Augsburgo, Alemanha, com o objetivo de pôr um ponto final à desunião religiosa gerada pela Reforma.

14. O panfleto foi uma nova forma de comunicação em massa do século 16. Ele tornava públicas as discussões, como uma espécie de jornal do dia. As cartas panfletárias foram fundamentais para a propagação das ideias da Reforma, pois eram lidas nos mercados públicos, em grupos e nos púlpitos das igrejas.

15. VALENTINE, Bobby, op. cit.

16. Essa carta está no apêndice.

17. VALENTINE, Bobby, op. cit.

18. O trecho final dessa carta está no apêndice.

19. AINTON, Roland F., op. cit., p. 103.

20. ULRICH, Claudete Beise. "A atuação e participação das mulheres na Reforma Protestante do século XVI." *Revista Metodista*. Estudos de Religião, v. 30, n. 2, p. 71-94, maio-ago. 2016. Disponível em: <https://www.metodista.br/revistas/revistas-ims/index.php/ER/article/viewFile/6846/5309>. Acesso em: 16 jan. 2021, p. 86.

21. DALFERTH, Heloisa Gralow, op. cit., p. 57.

22. WILSON, Sarah Hinlicky. *Lutheran Saints#16: Argula von Grumbach*. September 15, 2020. Disponível em: <https://www.sarahhinlickywilson.com/blog/2020/9/15/lutheran-saints-16-argula-von-grumbach>. Acesso em: 18 jan. 2021.

23. SEMBLANO, Martinho Lutero, op. cit., p. 28.

24. Aquela que confessa a Cristo, título dado aos santos que não são nem apóstolos nem mártires.

25. Fontes: DOUGLASS, Jane Dempsey. *Mulheres, liberdade e Calvino: O ministério feminino na perspectiva calvinista*. Venda Nova: Betânia, 1995; SEMBLANO, Martinho Lutero, op. cit.; WILSON, Katharina M., ed., *Women writers of the Renaissance and Reformation*. Athens: University of Georgia Press, 1987; FERREIRA, Larissa Cristhina Giron. "Letras que subvertem: expressões da religiosidade feminina na Europa do século XVI". *Espacialidades* [on-line]. 2020, 2, v. 16, n. 2, p.16-37. Disponível em: <https://periodicos.ufrn.br/espacialidades/article/view/20196>. Acesso em: 16 mar. 2021.

NOTAS

26. Marie Dentière apud WILSON, Katharina M., ed., op. cit., p. 278.
27. Provavelmente seu dote quando ingressou no mosteiro, uma soma considerável.
28. FERREIRA, Larissa Cristhina Giron, op. cit., p. 24-25.
29. Marie Dentière apud WILSON, Katharina M., ed., op. cit., p. 260.
30. Era um bispo que unia seu poder espiritual com o domínio político sobre um território.
31. Marie Dentière apud DOUGLASS, Jane Dempsey, op. cit., p. 112.
32. Esse texto da epístola de Dentière será apresentado no apêndice.
33. FERREIRA, Larissa Cristhina Giron, op. cit., p. 30.
34. Marie Dentière apud WILSON, Katharina M., ed., op. cit., p. 277.
35. Ibidem, p. 278.
36. SEMBLANO, Martinho Lutero, op. cit., p. 53.
37. FERREIRA, Larissa Cristhina Giron, op. cit., p. 36.
38. Ibidem, p. 31.
39. Fontes: BAINTON, Roland H. *Women of the Reformation: In Germany and Italy*, p. 253-267; GOOD, James I. *Grandes mulheres da Reforma: Quem foram, o que fizeram e o que sofreram as grandes mulheres da Reforma do século XVI*. Ed. Layse Anglada. Trad. Anna Layse Gueiros. Ananindeua: Knox Publicações, 2009. p. 117-127; ULRICH, Claudete Beise; DALFERTH, Heloisa Gralow, op. cit. p. 113-125; CARR, Simonetta. "Olympia Morata". *Leben. A Journal of Reformation Life*. October 1, 2010. Disponível em: <https://leben.us/olympia-morata/>. Acesso em: 5 fev. 2021; HARAGUCHI, Jennifer. "MORATA, Olympia (1526-1555)". Italian Women Writers. University of Chicago Library. 2003. Disponível em: <https://www.lib.uchicago.edu/efts/IWW/BIOS/A0032.html>. Acesso em: 3 fev. 2021; PARKER, Holt N. *Olympia Fulvia Morata (1526/7-1555): Humanist, heretic, heroine*, p. 153. Disponível em: <https://www.academia.edu/544167/Olympia_Fulvia_Morata_1526_7_1555_Humanist_Heretic_Heroine?auto=download>. Acesso em: 21 abr. 2021; WHITE, Sarah, op. cit.
40. DALFERTH, Heloisa Gralow, op. cit., p. 117.

NOTAS

41. Carr, Simonetta, op. cit.
42. Renata de Ferrara será enfocada no capítulo a seguir.
43. Bainton, Roland H., op. cit., p. 255.
44. Good, James I., op. cit., p. 119.
45. Movimento de reação da Igreja Católica, a partir de 1545, ao avanço da Reforma Protestante pela Europa.
46. Morata, Olympia Fulvia. *Opera omnia cum eruditorum testimoniis* apud Carr, Simonetta, op. cit.
47. Assim eram chamados os protestantes franceses calvinistas.
48. Dalferth, Heloisa Gralow, op. cit., p. 123.
49. Título dos chefes das províncias fronteiriças, no antigo império germânico.
50. White, Sarah, op. cit.
51. Johann Wolfgang von Goethe apud Carr, Simonetta, op. cit.
52. Saltério é um livro que contém os Salmos, muitas vezes utilizado nas devoções judaica e cristã.
53. Septuaginta é a tradução da Bíblia hebraica feita em etapas para o grego *koiné,* entre o século 3 a.C. e 1 a.C., em Alexandria. É a mais antiga tradução da Bíblia hebraica, tradicionalmente atribuída a 72 eruditos judeus, de onde provém seu nome.

Nobres reformadoras francesas

1. Douglass, Jane Dempsey. *Mulheres, liberdade e Calvino: O ministério feminino na perspectiva calvinista.* Venda Nova: Betânia, 1995.
2. Ibidem, p. 105-106.
3. King, Margaret L., op. cit., p. 168.
4. Fontes: Almeida, Rute Salviano. *Uma voz feminina na Reforma.* São Paulo: Hagnos, 2010; Bainton, Roland H. *Women of the Reformation: In France and England.* Minneapolis: Fortress Press, 2007, p. 13-41; Good, James I., op. cit., p. 57-65; Marguerite de Navarre. *Poetry Foundation.* Disponível em: <https://www.poetryfoundation.org/poets/marguerite-de-navarre>. Acesso em: 2 abr. 2021.
5. Brantôme, *Vie de femmes illustres*, p. 33 apud D'Aubigné, J. H. Merle. *História da Reforma do 16.º século.* São Paulo: Casa Editora Presbiteriana, (s.d.), vol. 4, p. 147.

NOTAS

6. ROBINSON, A. Mary F. *Margaret of Angoulême, queen of Navarre*. London: W. H. Allen &Co, 1886, p. 36.
7. Marino Cavalli apud ROBINSON, A. Mary F., op. cit., p. 206.
8. LINDSAY, Thomas M. *A History of the Reformation*. 2. ed. New York International Theological Library, 1934, v. 2, p. 138-139.
9. WILLIAMS, H. Noel. *The pearl of princesses: The life of Marguerite d'Angoulême, queen of Navarre*. London: Eveleigh Nasch Company Limited, 1916, p. 128.
10. MICHELET. *Histoire de France* apud DURANT, Will. *História da Civilização: A Reforma*. São Paulo: Companhia Editora Nacional, 1959, v. 2, p. 214-215.
11. A elevação da hóstia era um ritual profundamente solenizado da Igreja Católica, quando o sacerdote apresenta, após a consagração, a hóstia (disco pequeno e fino de pão sem fermento) e o cálice com os preciosos corpo e sangue de Cristo. Margarida não apreciava liturgias, portanto não valorizava a elevação da hóstia.
12. LINDSAY, Thomas M., op. cit., p. 138.
13. O nome Marguerite é derivado de uma palavra latina que significa pérola.
14. O conto 23.º do *Heptameron* está no apêndice deste livro.
15. WILLIAMS, H. Noel, op. cit., p. 285.
16. MARGUERITE de Navarre. *Les Marguerites de la Marguerite des princesses*. Ed. J. Tournes, p. 513 apud WILLIAMS, H. Noel, op. cit., p. 412.
17. Joana de Navarra, sua filha, que também será enfocada neste capítulo, só aceitou as ideias da Reforma após a morte da mãe. Mas Margarida pressentia que a filha continuaria seu trabalho na Reforma.
18. ROBINSON, A. Mary F., op. cit., p. 224.
19. GOOD, James I., op. cit, p. 65.
20. Ibidem, p. 225-226.
21. Antiga província francesa situada no sopé dos Pirenéus que, com a Baixa Navarra, constitui os Pirenéus Atlânticos, ocupando 60% do território. Sua capital é a cidade de Pau.
22. Fontes: ALMEIDA, Rute Salviano, op. cit.; BAINTON, Roland H. *Women of the Reformation: In Germany and Italy*, p. 13-41; GOOD, James I., op. cit., p. 109-115.

NOTAS

23. Good, James I., op. cit., p. 113-114.

24. Lucrécia Bórgia ficou conhecida na História como a filha ilegítima de um dos papas mais corruptos e imorais: Rodrigo Bórgia, ou Alexandre VI, sendo ela também considerada uma mulher imoral.

25. Good, James I., op. cit., p. 111-112.

26. Bartolomeo Fontana apud Bainton, Roland H., op. cit., p. 241-242.

27. Good, James I., op. cit., p. 113.

28. Ibidem, p. 112.

29. Bainton, Roland H., op. cit., p. 249.

30. Uma das páginas mais sangrentas da história do cristianismo, quando o rei Carlos IX, instigado pela mãe, Catarina de Médicis, sancionou o assassinato brutal do almirante Coligny e de outros seis líderes protestantes, em 24 de agosto de 1571, dia de São Bartolomeu. A isto, seguiu-se um abate de dezenas de milhares de huguenotes em Paris e províncias que durou vários meses.

31. Fontes: Almeida, Rute Salviano, op. cit., p. 101-106; Bainton, Roland H. *Women of the Reformation: In France and England*, p. 42-73; Good, James I., op. cit., p. 67-78; Lutz, Lorry. *Mulheres que se arriscam por amor a Deus*. Brasília: Vinde, 1998.

32. Bainton, Roland H., op. cit., p. 46.

33. Ibidem, p. 60.

34. Good, James I., op. cit., p. 70.

35. Deen, Edith. *Great Women of the Christian Faith* apud Lutz, Lorry, op. cit., p. 30.

36. Catarina fora criada pelos papas de sua família: Leão X e Clemente VII. Não era de família real e foi considerada uma filha de mercadores pelos franceses.

37. Good, James I., op. cit., p. 75.

38. Foi mãe também de Luís Carlos e Madalena, que morreram bebês. Somente Henrique e Catarina de Bourbon sobreviveram.

39. Rops, Daniel. *A Igreja da Renascença e da Reforma: A reforma católica*. São Paulo: Quadrante, 1999, v. 2., p. 192.

NOTAS

40. Um marquês católico o aconselhou a lucrar mais numa hora de missa do que em vinte batalhas ganhas e em vinte anos de perigos e trabalhos, tornando-se o rei absoluto da França.
41. SEMBLANO, Martinho Lutero, op. cit., p. 95.
42. Língua falada em Navarra.
43. GOOD, James I., op. cit., p. 77.

Esposas de reformadores

1. Disponível em: <https://commons.wikimedia.org/wiki/File: Luther_im_Kreise_seiner_Familie_musizierend.jpg>. Acesso em: 2 ago. 2021.
2. Lutero apud BRENTANO, Frantz Funck. *Martim Lutero*. 3. ed. Rio de Janeiro: Casa Editora Vecchi Ltda, 1968, p. 258.
3. ULRICH, Claudete Beise. "A atuação e a participação das mulheres na Reforma Protestante do século XVI". *Revista Metodista*, Estudos de Religião, p. 78.
4. Conversas à mesa, *Tischreden, Table-Talk* ou *Colloquia mensalia*, obra compilada por Johannes Mathesius, J. Aurifaber, V. Dietrich, Ernst Kroker e outros alunos de Lutero, e publicada em Eisleben, em 1566. Essas palestras se tornaram famosas e ocorriam todas as tardes, em um período de 15 anos, sobre assuntos variados de religião e moral.
5. BRENTANO, Frantz Funck, op. cit., p. 257; grifo nosso.
6. Loc. cit.
7. Ibidem, p. 256. Obs.: Creso foi o último rei da Lídia, que submeteu as principais cidades da Anatólia (Turquia). Era possuidor de imensas riquezas, o que deu origem à expressão "rico como Creso".
8. Fontes: BAINTON, Roland H. *Women of the Reformation: In Germany and Italy*, p. 55-76; BRENTANO, Frantz Funck, op. cit.; GOOD, James I., op. cit., p. 43-50; ULRICH, Claudete Beise; DALFERTH, Heloisa Gralow, op. cit., p. 145-160; KING, Margaret L., op. cit.; MCKEE, Elsie Anne. *Zell, Katharina Schütz (c. 1497–1562)*. Disponível em: <https://www.encyclopedia.com/women/encyclopedias-almanacs-transcripts-and-maps/zell-katharina-schutz-c-1497-1562>. Acesso em: 23 mar. 2021.
9. KING, Margaret L., op. cit., p. 146-147.

NOTAS

10. MCKEE, Elsie Anne, op. cit.

11. GOOD, James I., op. cit., p. 44.

12. Sua carta/panfleto foi intitulada de "Desculpas de Katharina Schutz, para Matthaus Zell, seu marido, pastor e servidor da Palavra de Deus em Estrasburgo, em razão das grandes mentiras que recaem sobre ele". Um trecho de sua carta "Defesa do casamento clerical" consta do apêndice deste livro.

13. Katherine Zell apud BAINTON, Roland H., op. cit., p. 72.

14. Foi um nobre silesiano, refugiado em Estrasburgo, que discordava da doutrina de Lutero sobre a transubstanciação e outras doutrinas.

15. Os anabatistas foram, a princípio, discípulos de Zuínglio, na Suíça, que discordaram da prática do batismo infantil, afirmando que as crianças não tinham condições de passar pela experiência da regeneração; então, seus seguidores eram rebatizados.

16. GOOD, James I., op. cit., p. 45.

17. Colóquio protestante que ocorreu de 1 a 4 de outubro de 1529, na cidade de Marburgo, na Alemanha, pela iniciativa do príncipe Filipe de Hesse, com o objetivo de superar as divergências entre Lutero e Zuínglio e seus adeptos sobre a ceia do Senhor. Essa conferência contou com a presença dos principais reformadores alemães e suíços. Os dois grupos concordaram com 14 artigos sobre a fé evangélica, mas o 15º, sobre a ceia do Senhor, não teve concordância. Eles discordavam da doutrina romana da transubstanciação, mas divergiam quanto à presença real de Cristo na comunhão. Zuínglio não admitia a presença corpórea: pão e vinho eram apenas sinais da presença divina. Já Lutero cria que o sangue e o corpo de Cristo estavam presentes nos elementos.

18. Ibidem, p. 46.

19. Guerra dos camponeses: levante popular que se seguiu à Reforma (1524-1526), envolvendo camponeses, artesãos, mineiros e aldeões. Foi um protesto econômico anticlerical, com o objetivo de afastar o clero das posições de poder político e econômico. Eles consideravam que seus atos apoiavam a Reforma, porém foram combatidos duramente ao transformar suas reivindicações em uma violenta guerra armada, que causou a morte de cerca de 100 mil dos 300 mil envolvidos.

20. Bainton, Roland H., op. cit., p. 72.
21. Fontes: Anglada, Layse. *Katharina von Bora esposa de Lutero.* In: Good, James I. *Grandes mulheres da Reforma.* Apêndice, p. 133-139; Bainton, Roland H. *Women of the Reformation: In Germany and Italy*, p. 23-43; Brentano, Frantz Funk, op. cit., p. 254-265; Lessa, Vicente Themudo. *Lutero.* 5. ed. Rio de Janeiro: Pallas, 1976, p. 163-171; Salabai, Rosana Salviano. *Força e feminilidade: O legado das mulheres cristãs que marcaram a história.* Chapadão do Sul: Ed. da Autora, 2020, p. 15-21; Tucker, Ruth A. *A primeira-dama da reforma.* Rio de Janeiro: Thomas Nelson Brasil, 2017; Ulrich, Claudete Beise. "A atuação e a participação das mulheres na Reforma Protestante do século XVI", op. cit.
22. Anglada, Layse, op. cit., p. 138-139.
23. Good, James I., op. cit., p. 138-139.
24. Lessa, Vicente Themudo, op. cit., p. 164.
25. Sens, 2006, p. 38 apud Ulrich, Claudete Beise, op. cit., p. 79.
26. Bainton, Roland H., op. cit., p. 29.
27. Loc. cit.
28. Foi uma neta do rei George de Podiebrad, da Boêmia, que fugiu do convento ao conhecer a doutrina da Reforma e encontrou refúgio na casa de Lutero.
29. Anglada, Layse, op. cit., p. 139.
30. Lessa, Vicente Themudo, op. cit., p. 164-165.
31. Good, James I., op. cit., p. 133.
32. Larson, Rebecca. *Katharina von Bora: a married nun* apud Tucker, Ruth A., op. cit., p. 188.
33. Fontes: Lutz, Marli. In: Brun, Marli; Blasi, Marcia; Kieckbusch, Wilhelmina (orgs.). *Bordando memórias: Histórias de mulheres do movimento da Reforma.* São Leopoldo: Sinodal, 2019, p. 40; Good, James I. *Famous women of the reformed Church.* The Sunday-school board of the reformed church in the United States, 1901. Annotated by L. B. Roper, 2019, p. 23-30; Ulrich, Claudete Beise; Dalferth, Heloisa Gralow, op. cit., p. 161-169; Petersen, William J. Idelette: John Calvin's search for the right wife. *Christian History Institute.* 2019. Disponível em: <https://christianhistoryinstitute.org/

magazine/article/idelette-john-calvins-search-for-the-right-wife>. Acesso em: 12 fev. 2021.

34. Trechos de cartas de Calvino escritas após a morte de Idelette, citados por: ULRICH, Claudete Beise; DALFERTH, Heloisa Gralow, op. cit., p. 166-167.

35. Fato descrito no tópico do primeiro capítulo sobre Maria Dentière.

36. PETERSEN, William J., op. cit.

37. Ibidem.

38. GOOD, James I., op. cit., p. 27.

39. Ibidem, p. 25.

40. PETERSEN, William J., op. cit.

41. Idelette de Bure apud ULRICH, Claudete Beise; DALFERTH, Heloisa Gralow, op. cit., p. 167.

42. ULRICH, Claudete Beise, op. cit., p. 42.

Rainhas e mártires na Inglaterra

1. Disponível em: <https://pt.m.wikipedia.org/wiki/Ficheiro: PAUL_DELAROCHE_-_Ejecuci%C3%B3n_de_Lady_Jane_Grey_(National_Gallery_de_Londres,_1834).jpg>. Acesso em: 24 de fev. 2021.

2. HAYKIN, Michael A. G. *8 mulheres de fé.* São José dos Campos: Fiel, 2017. p. 45-46.

3. ABREU, Maria Zina Gonçalves de. *A Reforma da Igreja em Inglaterra: Acção feminina, protestantismo e democratização política e dos sexos.* Coimbra: Fundação Calouste Gulbenkian; Fundação para a ciência e a tecnologia, 2003. p. 221.

4. A mãe de Eduardo, Jane Seymour, faleceu logo após lhe dar à luz.

5. Chamados de "Mártires de Oxford", esses protestantes foram julgados por heresia em 1555 e queimados na estaca em Oxford, Inglaterra, durante a perseguição da rainha Maria I.

6. Fontes: ABREU, Maria Zina Gonçalves de, op. cit., p. 237-263; BIOGRAFIA de Catherine Parr, sexta esposa de Henrique VIII. *Greelane.* História & Cultura. 19 jul. 2019. Disponível em: <https://www.greelane.com/pt/humanidades/hist%C3%B3ria--cultura/catherine-parr-biography-3530625/>.

NOTAS

Acesso em: 19 mar. 2021; KATHERINE Parr: An intelligent woman and a loving stepmother? *Historic Royal Palace.* Disponível em: <https://www.hrp.org.uk/hampton-court-palace/history-and-stories/katherine-parr/#gs.upoovs>. Acesso em: 19 mar. 2021; KATHERINE Parr: To be useful in all that I do. *Tudor History.* Disponível em: <https://www.tudorhistory.org/parr/>. Acesso em: 19 mar. 2021.

7. ABREU, Maria Zina Gonçalves de, op. cit., p. 238.

8. Instrumento musical de cordas que deu origem ao cravo.

9. Thomas Cromwell, 1.º conde de Essex, foi um estadista inglês que serviu como primeiro-ministro de Henrique VIII no período de 1532 a 1540. Esse mais fervoroso apoiador do rei, em relação ao rompimento com a igreja romana, foi executado na Torre de Londres em 28 de julho de 1540, afirmando que morria por sua fé.

10. ANDERSON. *Ladies of the Reformation*, p. 185 apud ABREU, Maria Zina Gonçalves de, op. cit., p. 239.

11. Stephen Gardiner (1492-1555) foi um político e bispo católico inglês que atuou como Lorde Chanceler durante o reinado da rainha Maria I.

12. Pelo Ato dos *Seis Artigos*, assinado em 1539, Henrique VIII mantinha todos os dogmas católicos, exceto o da autoridade papal. Esta dubiedade foi atacada tanto por protestantes como por católicos. Os protestantes reprovavam a fidelidade aos dogmas católicos, e os católicos reprovavam o cisma. Esses artigos serão mencionados no tópico a seguir sobre Anne Askew.

13. ABREU, Maria Zina Gonçalves de, op. cit., p. 241.

14. KING, Margaret L., op. cit., p. 216.

15. Foram chamados de "Salão Protestante" os aposentos privados da rainha Catarina Parr, onde aconteciam reuniões evangélicas com leituras bíblicas e orações e reformadores realizavam pregações.

16. Ibidem, p. 242.

17. ABREU, Maria Zina Gonçalves de, op. cit., p. 251.

18. Ibidem, p. 242.

19. Trecho no apêndice.

20. Fontes: ABREU, Maria Zina Gonçalves de, op. cit., p. 272-283. LIEFELD, Walter; TUCKER, Ruth A. *Daughters of the Church.*

Michigan: Zondervan Publishing House, 1987, p. 191-192; Foxe, John. *O livro dos mártires.* São Paulo: Editora Mundo Cristão, 2003, p. 288-292; "Anne Askew: A woman of principle who refuses to implicate others". *History's HEROES?* Disponível em: <http://historysheroes.e2bn.org/hero/4265>. Acesso em: 14 jan. 2021.

21. Abreu, Maria Zina Gonçalves de, op. cit., p. 793 (grifo nosso).
22. "Anne Askew: A woman of principle who refuses to implicate others", op. cit.
23. A prisão de Newgate ficava na esquina da Newgate Street com a Old Bailey Street, dentro da cidade de Londres, Inglaterra, no local de Newgate ou portão novo, uma das entradas a oeste da muralha de Londres, que circunda a cidade.
24. Foxe, John, op. cit., p. 292.
25. Transubstanciação é a doutrina católica que afirma que o vinho e o pão transformam-se no sangue e no corpo de Cristo na eucaristia.
26. Abreu, Maria Zina Gonçalves de, op. cit., p. 274.
27. Loc. cit.
28. Foxe, John, op. cit., p. 290.
29. Liefeld, Walter; Tucker, Ruth A., op. cit., p. 192.
30. Foxe, John, op. cit., p. 288. Obs.: Este é o epitáfio dedicado a Anne Askew, que exalta a sua coragem e fé.
31. Abreu, Maria Zina Gonçalves de, op. cit., p. 793.
32. Também chamado "balcão do estiramento". A vítima era colocada sobre uma mesa de madeira com cordas fixadas nas áreas superiores e inferiores e puxadas por roldanas. Quando o torturador girava as roldanas, os membros dos torturados, presos às cordas, se esticavam, o que produzia profunda dor e agonia.
33. Abreu, Maria Zina Gonçalves de, op. cit., p. 276.
34. Fontes: Abreu, Maria Zina Gonçalves de, op. cit., p. 286-299; Bainton, Roland H. *Women of the Reformation: In France and England*, p. 181-190; Haykin, Michael A. G. op. cit., p. 23-46; Jane Grey: A trágica história da rainha que comandou a Inglaterra por 9 dias. *Aventuras na História.* Disponível em: <https://aventurasnahistoria.uol.com.br/noticias/reportagem/historia-quem-foi-jane-grey.phtml>. Acesso em: 24 fev. 2021.
35. Haykin, Michael A. G., op. cit., p. 44-46.

NOTAS

36. ABREU, Maria Zina Gonçalves de, op. cit., p. 104.
37. FOXE, A & M apud ABREU, Maria Zina Gonçalves de, op. cit., p. 289.
38. ZAHL, Paul F. M. *Five women of the English Reformation*. Michigan: Grand Rapids, 2003, p. 62.
39. HAYKIN, Michael A. G., op. cit., p. 31.
40. BAINTON, Roland H., op. cit., p. 187-188.
41. HAYKIN, Michael A. G., op. cit., p. 31.
42. Marcos 14.22.
43. HAYKIN, Michael A. G., op. cit., p. 38-39.
44. ABREU, Maria Zina Gonçalves de, op. cit., p. 295.
45. HAYKIN, Michael A. G., op. cit., p. 43-44.
46. Ibidem, p. 46.

Apêndice

1. Biblioteca Folger Shakespeare. Disponível em: <http://www. philippagregory.com/assets/uploads/images/12ed7b79dfc8f-261de34121877db2682.jpg>. Acesso em 26 ago. 2021.
2. KING, Margaret L. *A mulher do Renascimento*. Lisboa: Editorial Presença, 1994, p. 203.
3. *L'Heptameron* é uma coleção de 72 novelas escritas em língua francesa pela rainha Margarida d'Angoulême, consorte de Henrique II de Navarra, e publicada postumamente em 1558. Recebe seu nome do grego, que quer dizer sete dias, estando o oitavo incompleto. Segue, pelo menos em parte, o modelo do *Decameron* de Boccacio. O quadro narrativo é o de alguns nobres que estão isolados por causa de uma tempestade e contam histórias para se entreterem.
4. *Cordeliers* eram os monges franciscanos, também chamados de frades cinzentos por causa da cor de seus hábitos, nos quais havia três cordões na cintura, representando a obediência, a castidade e a pobreza.
5. D'ANGOULÊME, Marguerite. *The Heptameron*. London: Published for the trade, [1855]. Translated by Walter Keating Kelly, 1867. Disponível em: <https://digital.library.upenn. edu/women/navarre/heptameron/heptameron.html#N23> Acesso em: 14 maio 2021.

6. Marie Dentière apud WILSON, Katharina M., ed. *Women writers of the Renaissance and Reformation*. Athens: University of Georgia Press, 1987. p. 277-278.
7. Canções espirituais de Margarida de Navarra, escritas quando da doença de seu irmão. Ela considerava suas lágrimas, suspiros e gritos o seu discurso.
8. Margarida de Navarra apud COTTRELL, Robert D. *The grammar of silence: A reading of Marguerite de Navarre's poetry*. Washington: The Catholic University of America Press, 1986, p. 196.
9. Margarida de Navarra apud GOOD, James I., op. cit., p. 59.
10. Ordem dos frades menores: franciscanos ou franciscanos observantes.
11. GRUMBACH, Argula von. *Primary texts — Reformation History* — Argula von Grumbach, To the University of Ingolstadt (1523). Disponível em: <http://www.gjlts.com/Church%20History/Reformation%20History/Primary%20Source%20-%20Argula%20%20letter.pdf>. Acesso em: 25 abr. 2021.
12. BAINTON, Roland H. *Women of the Reformation: In Germany and Italy*, p. 103. Obs.: Foram escritas à mão, em uma cópia dessa carta em Munique, as seguintes palavras: "Nascida uma prostituta luterana e portão do Inferno".
13. Para Catarina Zell, o celibato não era apenas antibíblico, mas também encorajava a frouxidão sexual entre o clero e tornava os padres impróprios para serem confessores e confidentes de leigos casados. O próprio casamento dela atestava os fortes laços que se desenvolveram entre o clero evangélico e as camadas superiores dos artesãos, cujo poder político era maior em Estrasburgo do que na maioria das outras cidades.
14. ZELL, Katharina Schütz (1524). Defending clerical marriage. From the Reformation to the Thirty Years War (1500-1648). *German History in documents and images*. v. 1. Disponível em: <https://ghdi.ghi-dc.org/sub_document.cfm?document_id=4332>. Acesso em: 24 abr. 2021.
15. RUMENS, Carol. Poem of the week: Ballad by Anne Askew. Carol Rumens's poem of the week. *The Guardian*. Mon 7 aug 2017. Disponível em: <askewhttps://www.theguardian.com/books/booksblog/2017/aug/07/poem-of-the-week-ballad-by-anne-askew>. Acesso em: 21 abr. 2021.

NOTAS

16. ZAHL, Paul F. M., op. cit., p. 106-108.
17. A História narra que Antoine de Bourbon, esposo de Joana d'Albret, morreu profundamente arrependido.
18. Jeanne D'Albret apud BAINTON, Roland H., op. cit., p. 60-61.

SOBRE AS AUTORAS

RUTE SALVIANO ALMEIDA é licenciada em Estudos Sociais, bacharel em Teologia, pós-graduada em História do Cristianismo e mestre em Teologia. Foi professora da Faculdade Teológica Batista de Campinas por vinte anos. É autora de seis livros sobre a história das mulheres no cristianismo, entre eles *Heroínas da Fé* (GodBooks), e recebeu o Prêmio Areté, na categoria "História da Igreja", pela obra *Vozes femininas no início do protestantismo brasileiro.* Rute é membro da Igreja Batista do Cambuí, em Campinas (SP).

JAQUELINE SOUSA PINHEIRO é bacharel em Comunicação Social, professora, tradutora e revisora de inglês. Fez o curso de English as Second Language (ESL) na Naugatuck Valley Community College (EUA), tem certificação internacional CELTA/Cambridge e é pós-graduada em Metodologia do Ensino de Inglês como Segundo Idioma. É membro colaborador da Associação Linguística Evangélica Missionária (Missão ALEM) e membro da Primeira Igreja Batista de Americana (SP).

Conheça outras obras da GOD books

HEROÍNAS DA FÉ

Este devocional inovador traz reflexões muito atuais a partir da Bíblia e da biografia de dezenas de mulheres que desempenharam importante papel na trajetória do cristianismo, das mártires da igreja primitiva às pioneiras da igreja evangélica brasileira. Rute Salviano Almeida conciliou sua formação e experiência como teóloga e historiadora em um livro que informa e edifica.

A CURA DA SOLIDÃO

Estatísticas e pesquisas científicas mostram que há uma pandemia de solidão em curso, que faz vítimas, inclusive, entre cristãos. Fato é que existem, até mesmo nas igrejas, multidões que sofrem, silenciosamente, com as dores da solidão. A boa notícia é que esse mal tem cura e ela está ao alcance de quem sofre do problema e de todo aquele que deseja contribuir para a cura dos solitários.

O IMPÉRIO DO AMOR

Este livro remete a um profundo senso de temor ao Senhor, piedade e devoção ao próximo, e chama a uma importante reflexão sobre o papel do amor na vida do cristão. O autor mostra que, mais do que um conceito, o amor bíblico é uma prática revolucionária e transformadora. O pastor W. J. Dawson deu uma guinada surpreendente em seu ministério quando descobriu o verdadeiro sentido do amor.

O IMPACTO DA HUMILDADE

Com o objetivo de chamar a atenção para quão desejável é a humildade e quão terrível é o pecado do orgulho, Wilson Porte Jr. apresenta, com base nos momentos decisivos da vida de Cristo, uma análise primorosa de como a arrogância é diabólica e como a humildade é divina e celestial e, por isso, precisa ser perseguida a todo custo. Uma leitura profundamente transformadora.

Adquira: www.godbooks.com.br
Siga-nos nas redes sociais: @editoragodbooks

Este livro foi impresso pela gráfica Exklusiva, em 2021, para a
Thomas Nelson Brasil em parceria com a GodBooks.
O papel do miolo é pólen soft 80g/m² e o da capa é cartão 250g/m².